ESCREVER BEM NO TRABALHO

Proibida a reprodução total ou parcial em qualquer mídia sem a autorização escrita da editora.
Os infratores estão sujeitos às penas da lei.

A Editora não é responsável pelo conteúdo da Obra, com o qual não necessariamente concorda. A Autora conhece os fatos narrados, pelos quais é responsável, assim como se responsabiliza pelos juízos emitidos.

Consulte nosso catálogo completo e últimos lançamentos em **www.editoracontexto.com.br**.

Arlete Salvador

ESCREVER BEM NO TRABALHO

Do WhatsApp ao relatório

Copyright © 2015 da Autora

Todos os direitos desta edição reservados à
Editora Contexto (Editora Pinsky Ltda.)

Montagem de capa e diagramação
Gustavo S. Vilas Boas

Preparação de textos
Lilian Aquino

Revisão
Mariana Carvalho Teixeira

Dados Internacionais de Catalogação na Publicação (CIP)
Angélica Ilacqua CRB-8/7057

Salvador, Arlete
Escrever bem no trabalho : do WhatsApp ao relatório /
Arlete Salvador. – 2. ed., 4ª reimpressão. – São Paulo :
Contexto, 2025.
128 p.

Bibliografia
ISBN 978-85-7244-948-9

1. Língua portuguesa 2. Redação 3. Gramática
4. Comunicação na empresa I. Título

16-0056   CDD 469.8

Índice para catálogo sistemático:
1. Língua portuguesa – redação técnica

2025

EDITORA CONTEXTO
Diretor editorial: *Jaime Pinsky*

Rua Dr. José Elias, 520 – Alto da Lapa
05083-030 – São Paulo – SP
PABX: (11) 3832 5838
contexto@editoracontexto.com.br
www.editoracontexto.com.br

"É preciso trabalhar duro para limpar
os pensamentos e torná-los simples"

Steve Jobs

Sumário

APRESENTAÇÃO 9
A MENSAGEM VIRTUAL 13
    Nunca escrevemos tanto 13
    Lições do Chacrinha 17
    A rede global 19
O TEXTO DIGITAL 23
    Casamento perfeito 23
    O tom certo 29
COMO ESCREVER 41
    E-mails 41
        Respondendo 43
        Iniciando o contato 52
    Conversas instantâneas 57
    Saias justas 63
    Relatórios corporativos 77
        Roteiro de redação 78
        Escreva 84
        Revise 87
COMO EDITAR 89
    Para ser conciso 89
    Para falar claro 97
    Para acertar a gramática 104
    Para impressionar 116
BIBLIOGRAFIA 123
A AUTORA 125

Apresentação

> *"Todos os grandes amantes sabem se expressar verbalmente, e a sedução verbal constitui o caminho mais certeiro à sedução de fato."*
> Marya Mannes

Um líder capaz de se comunicar com o mundo de maneira eficaz. Esse é o perfil dos profissionais desejados pelas grandes corporações. A competência técnica? Aparece em segundo lugar. Entre as habilidades de comunicação mais procuradas no mercado de trabalho, a da escrita ocupa o topo. Culpa das novas tecnologias de comunicação que operam em rede pela internet, quase todas baseadas na troca de textos.

Se você tivesse que falar com alguém agora, o que faria? Provavelmente, escreveria um e-mail. Se fosse urgente, chamaria o colega pelo sistema de conversa instantânea por escrito. Se estivesse fora do escritório e com o smartphone, é possível que mandasse um WhatsApp. Telefonar seria o último recurso. Na era digital e virtual, estamos escrevendo como nunca. Claro: nossa comunicação agora se dá por mensagens escritas.

A internet mudou a maneira como trabalhamos e fazemos negócios. Já não dependemos de papéis e dos correios para nos comunicarmos. Trocamos informação com um toque dos dedos ou um comando de voz. Dividimos projetos com colegas que nunca encontraremos para um cafezinho, uma fofoca no corredor ou uma festa de criança. Falamos uma língua estranha em horários absurdos. Mesmo assim, compartilhamos resultados como se ocupássemos mesas ao lado. Montanhas e oceanos nos separam, mas as palavras escritas nos aproximam e nos mantêm conectados.

Para as empresas, mensagens bem escritas garantem bons negócios, orientam decisões, reduzem custos, constroem a imagem de eficiência e eliminam mal-entendidos. Para os executivos, escrever bem impressiona os colegas, superiores e clientes, impulsiona a carreira, molda a imagem pessoal e profissional. É um ótimo diferencial. Então, no universo virtual e digital da internet, quem não escreve bem não se comunica bem.

Muitos profissionais seniores, assustados com a necessidade de redigir, função para a qual se sentem despreparados, procuram cursos de atualização gramatical. Jovens profissionais em início de carreira sofrem para se adaptar à vida nas empresas, apesar da familiaridade com a web. Eles logo percebem que, transportada para o ambiente profissional, a informalidade das redes sociais só atrapalha. São mundos diferentes, o do trabalho e o virtual.

Este livro destina-se aos profissionais envolvidos nesse turbilhão da comunicação virtual por escrito. Redigir vai além do aprendizado da gramática e do conhecimento tecnológico, porque um texto é muito mais do que palavras frias em frases bem organizadas digitadas no celular. Um texto carrega a cultura das pessoas envolvidas na comunicação, da corporação e do próprio meio usado para conexão. Todos esses elementos influenciam a maneira como escrevemos e o conteúdo do que escrevemos no trabalho.

Para ajudá-los nessa tarefa, este livro aborda os impactos da internet sobre a comunicação corporativa e oferece orientações sobre como escrever na era digital. No primeiro capítulo, há um resumo dos avanços da tecnologia de comunicação desde o surgimento da televisão, nos anos 1950, e as consequências para a sociedade. O segundo capítulo apresenta as características das mensagens digitais e das principais ferramentas de comunicação à disposição das empresas. No conjunto, essas duas partes se completam: mostram que tipo de texto deve ser utilizado em cada ferramenta e em qual circunstância.

Nos dois capítulos seguintes, o livro traz orientações práticas sobre como escrever mensagens digitais. A redação de e-mails ocupa pelo menos um terço do nosso tempo no trabalho. Por isso, o livro inclui dicas para tornar essa obrigação mais ágil e produtiva. Há ainda orientações sobre como iniciar uma conversa por e-mail, como oferecer produtos e serviços a pessoas desconhecidas e como escrever a clientes insatisfeitos. Enfim, como quase tudo que fazemos hoje fazemos por e-mail, o livro buscou cobrir todas as necessidades de quem precisa e quer se comunicar bem por meio dessa ferramenta.

A tarefa de abordar o texto em plataformas instantâneas, como o WhatsApp, foi desafiadora. São ferramentas muito recentes e inexploradas. Faltam estudos e análises sobre elas. Dá pra usar abreviaturas, palavras sem acento, frases sem vírgulas? São muitas as perguntas sem respostas oficiais. Este livro oferece recomendações de texto instantâneo baseadas no uso que se faz desses mecanismos nas empresas e no entendimento de que é importante preservar as regras da língua culta em qualquer circunstância para garantir a compreensão. Optamos por seguir o caminho do meio, associando a velocidade do WhatsApp à importância de se comunicar com clareza.

Ao lado de instrumentos tão modernos quanto as mensagens instantâneas convivem os relatórios corporativos, documentos longos e analíticos. Eles estão mais curtos do que no passado, é verdade, mas continuam a seguir a estrutura tradicional de organização dos trabalhos acadêmicos. Neste livro, propomos um modelo novo de relatório, adaptando os formatos clássicos às demandas dos executivos de hoje, sem tempo nem paciência para ler textos longos. A ideia é escrever relatórios objetivos, em que as conclusões e recomendação apareçam no início. Pode surpreender muita gente, mas o resultado compensa.

Finalmente, gramática e estilo de redação. É impossível comunicar-se bem e conectar-se com o outro por escrito sem conhecimento das regras básicas da língua portuguesa. Por isso, o livro traz, no final, orientações para escrever textos corretos gramaticalmente, com foco nos principais problemas de redação encontrados nas empresas. Além disso, contém recomendações de estilo para deixar os documentos objetivos, claros e concisos. Esse esforço leva a uma comunicação corporativa escrita mais eficiente, como exige o mundo do trabalho e dos negócios na internet.

A mensagem virtual

*"A magia da linguagem
é o mais perigoso dos encantos."*
Edward G. Bulwer-Lytton

NUNCA ESCREVEMOS TANTO

A internet virou de ponta-cabeça a maneira como trabalhamos, fazemos negócios e nos relacionamos com outras pessoas e com o mundo. Eliminamos a ajuda dos carteiros para entregar cartas e documentos. Também ultrapassamos a fase de marcação de data e hora para conversar por telefone com clientes e sócios de lugares distantes. Nossas mensagens e documentos agora são digitais. Chegam em segundos, ao clicar de uma tecla, ao toque dos dedos ou em resposta a um comando de voz. Materializam-se diante dos nossos olhos em telas, telinhas e telonas do computador, do tablet, do celular e até do relógio de pulso.

Nossos colegas de trabalho são virtuais. Trocamos informações com pessoas instaladas do outro lado do oceano como se estivéssemos sentados à mesma mesa. Mas mal nos conhecemos.

Falamos uma língua estranha em horários improváveis, embora tenhamos objetivos comuns e comemoremos juntos os resultados alcançados. Negociamos milhões sem nunca termos nos encontrado. Compramos sem conhecer os produtos ao vivo. Estamos fisicamente distantes uns dos outros, mas conectados em rede num mundo globalizado.

Só uma coisa continua a mesma: nossas mensagens ainda chegam em forma de texto, como os antigos documentos e cartas de papel. Mudou o meio pelo qual desembarcam na nossa mesa de trabalho, mas a essência permaneceu. Quase toda a tecnologia de comunicação e informação digital do nosso tempo acontece por meio de mensagens escritas. E-mails, torpedos, SMS, posts na pasta de correspondência do Facebook, Twitter, blogs, sites, Skype... todas essas ferramentas registram textos. Até os modernos aplicativos de mensagens instantâneas, como o WhatsApp, transmitem conversas por escrito. Falamos pouco uns com os outros. Telefone agora serve para escrever. Quem diria, hein? Na era da comunicação digital e virtual, nunca escrevemos tanto.

Nesse aspecto, as mensagens digitais se parecem com as antigas cartas escritas em papel e entregues pelos carteiros. Naquela época, as correspondências em papel mantinham as pessoas conectadas e informadas sobre o que acontecia no mundo. Nelas se contavam os acontecimentos do dia, o desenvolvimento dos relacionamentos e dos negócios, noticiavam-se funerais e nascimentos, anunciavam-se guerras e armistícios. Funciona assim hoje em dia. Nossas mensagens são virtuais, mas também entregam textos com informações sobre um negócio, um evento, uma reunião, uma campanha de marketing, uma estratégia de vendas e compras. Mudou o veículo de transmissão da mensagem, mas o seu conteúdo e objetivos permanecem.

Como desdobramento natural dessa transformação, escrever bem se tornou habilidade essencial no mundo corporativo. Pesquisa divulgada em novembro de 2014 pela Associação Nacional de Universidades e Empregadores dos Estados Unidos (Nace), uma organização não governamental de estudos sobre o mercado de trabalho, mostrou que a comunicação escrita ocupa a terceira posição na lista de qualidades que empregadores buscam em novos contratados. A entidade consultou 260 organizações que planejavam recrutar jovens recém-formados em 2015. No topo da lista das competências exigidas ficou a capacidade de liderança. A seguir, aparecia a habilidade para trabalhar em equipe.

Se somarmos esse terceiro lugar conquistado pela comunicação escrita ao oitavo (capacidade de se comunicar bem oralmente), veremos que as competências de comunicação foram o quesito mais valorizado nos novos profissionais. Trata-se de um conjunto de competências chamadas de "*soft skills*", termo em inglês que poderia ser traduzido por "competências pessoais" ou "competências transversais". Elas ocupam o mesmo patamar de importância das habilidades técnicas, que eram o principal talento dos profissionais do passado. Baseando-se nessa pesquisa, o perfil do candidato ideal para um emprego em 2015 era este: um líder capaz de trabalhar em equipe e de se comunicar com eficiência.

Executivos consultados informalmente para este livro admitiram que escrever bem é fundamental para o sucesso profissional nas companhias onde trabalham. Ocupantes de cargos de liderança, eles consideram erros de português em documentos e mensagens falhas profissionais graves e têm pouca paciência para documentos longos. Querem objetividade, concisão, correção e clareza, as características principais dos textos em tempos digitais.

Há duas décadas, os estudantes eram divididos entre os que preferiam as Ciências Exatas e os que gostavam de Ciências Humanas. Os que preferiam Humanas eram os bons em Português, os amigos dos livros e os amantes da literatura. Adoravam preencher uma ficha de leitura. Os bons em Matemática, Química e Física odiavam as aulas de Gramática e redação. Queriam se tornar engenheiros, economistas, médicos até, essas profissões nas quais – imaginavam – não seria preciso escrever nada, graças a Deus. Seria só uma questão de números e fórmulas.

Bem, essa divisão ficou no passado, num passado em que conhecimento técnico bastava para garantir sucesso e dinheiro na carreira. Hoje, profissionais formados com essa mentalidade – em especial os que ocupam cargos de liderança – penam para redigir projetos, textos para apresentações e até e-mails. Morrem de medo de cometer erros graves de gramática e expor a ignorância na Língua Portuguesa aos colegas. Muitos se matricularam em cursos de redação e revisão gramatical para recuperar o tempo perdido.

Mesmo jovens profissionais, nascidos e criados na era digital, parecem pouco preparados para o mundo globalizado do trabalho. Uma pesquisa de 2013, conduzida pelo CNBC, o canal de televisão norte-americano sobre negócios, apontou a falta de *soft skills* como a maior deficiência dos candidatos a um novo emprego, segundo 500 executivos em altas posições de comando nos Estados Unidos. A falta de competências técnicas ficou em segundo lugar. Os resultados refletem o que dizem executivos e profissionais dos departamentos de Recursos Humanos no Brasil: a habilidade da escrita está em falta no mercado.

Esperava-se que os jovens, pela familiaridade com a internet, computadores e celulares, chegassem às empresas prontos para usar as novas ferramentas de comunicação digital e virtual. Mas algo deu errado na passagem da vida despreocupada dos celulares e *selfies* em redes sociais para a vida real no trabalho. Talvez convencidos de que a linguagem digital poderia ser repetida nos escritórios, descuidaram-se da Língua Portuguesa formal. Muitos descobriram tarde demais que a linguagem da web e dos aplicativos de mensagens instantâneas é inaceitável no ambiente corporativo. "Sem abreviação? Como assim? Por que ninguém me avisou?", surpreendem-se ainda hoje.

Aqui, como nos Estados Unidos, questiona-se a capacidade das escolas de formar jovens aptos a enfrentar os desafios desse novo mercado de trabalho, onde se destacam as habilidades (no plural mesmo?) de comunicação por escrito. Os resultados do Enem (Exame Nacional do Ensino Médio), a prova nacional de avaliação dos alunos de ensino médio e de seleção para universidades federais, confirmam as deficiências no ensino de redação e Língua Portuguesa. Dados do Enem de 2014, divulgados pelo Ministério da Educação, mostraram uma queda de quase 10% na nota média de redação em comparação com 2013. Apenas 250 entre 5,9 milhões de estudantes que entregaram redações naquele ano alcançaram a nota máxima, 1000 pontos, enquanto 529 mil (8,5% do total) tiraram zero.

Nesse quadro, a existência de uma lacuna entre o que as empresas buscam no mercado de trabalho e o que os novos profissionais oferecem é natural, apesar de ser um paradoxo. Os jovens reclamam da falta de emprego ao deixarem a faculdade e os empregadores reclamam da falta de bons candidatos para suas vagas. Enquanto as companhias procuram identificar líderes capazes de se comunicar com eficiência e clareza num mundo tecnológico baseado na escrita, os jovens enfrentam dificuldades cada vez maiores para se expressarem por escrito.

LIÇÕES DO CHACRINHA

É difícil, mesmo, escrever bem em tempos de comunicação digital. O texto das novas mensagens segue outros parâmetros. Tudo é muito rápido, rapidíssimo. As mensagens levam o tempo de um clique para atravessar oceanos e montanhas e chegar ao colega, ao chefe e ao cliente, deixando ao autor pouco tempo para reflexão e análise. Confesse: você já se arrependeu, pelo menos uma vez na vida, de ter respondido um e-mail ou encaminhado um documento sem pensar duas vezes. Clique *like* se você se identificou com o personagem.

Os textos digitais são curtos, curtíssimos. Ninguém mais tem tempo e disposição para ler estudos técnicos e longos e-mails. E no celular, então? Os mais velhos nem enxergam as letrinhas!!! É tudo curto e grosso. E sendo curto, esse texto exige do autor precisão no uso das palavras e da sintaxe para evitar mal-entendidos. Aqui também há muita gente que adoraria apagar (do computador e da memória) um e-mail mal escrito, confuso ou deselegante. "Não era bem o que eu queria dizer…", diriam. Bem… tarde demais. Já foi. Mais cliques no *like*, por favor.

Pouco tempo e pouco espaço para escrever criam o pior dos mundos. Para vencer o desafio da escrita nesse ambiente, os profissionais precisam dominar, ao mesmo tempo e na mesma intensidade, o conteúdo sobre o qual vão escrever e as melhores técnicas de redação. Por mais contraditório que pareça, é muito mais difícil escrever curto e grosso do que escrever comprido. A imposição de limites de tempo e espaço ao texto exige concisão, clareza e objetividade. Em textos curtos, fica impossível encher linguiça e dizer duas vezes a mesma coisa. Nessa hora, quem sabe sabe; quem não sabe se trumbica.

A expressão "quem não se comunica se trumbica" nos remete ao mais popular dos apresentadores (ou animadores de auditório, como se dizia na época) do rádio e da televisão brasileiros entre os anos 1970 e 1980 – o Chacrinha, o Abelardo Barbosa, o Velho Guerreiro. Nascido em 1917, com passagens por várias emissoras de rádio no início da carreira, ele se tornou conhecido na televisão com programas de auditório de nomes diferentes, mas de conteúdo similar. Houve a Buzina do Chacrinha, a Discoteca do Chacrinha e, por fim, o Cassino do Chacrinha, apresentado nas tardes de sábado na TV Globo.

Os programas seguiam o mesmo formato. No palco, dançarinas rebolavam em shorts minúsculos enquanto cantores e calouros desfilavam em quadros de humor e competição. Chacrinha vestia-se de palhaço e distribuía nacos de bacalhau e abacaxis para a plateia, repleta de jovens mulheres aos gritos. Dispensava calouros ruins ao som de buzinadas. Já os bons candidatos a artista, se o público concordasse, iam para o "trono". O apresentador gravava marchinhas de carnaval todo ano e entretinha a audiência aos gritos roucos de "Teresinhaaa".

Os programas do Chacrinha lembram muita coisa do que ainda se vê na televisão brasileira. O Velho Guerreiro morreu em 1988, mas continua fonte de inspiração para apresentadores de televisão contemporâneos. O jornalista Pedro Bial, autor de uma biografia de Chacrinha para um espetáculo teatral, reconhece que ele continua uma referência para a TV. Segundo Bial, o segredo do sucesso do Chacrinha foi ter incorporado elementos populares aos seus programas, uma inovação para manter a audiência. Os novos nomes da telinha acrescentaram ares tecnológicos, moderninhos às atrações atuais, mas ainda bebem nas ideias do Velho Guerreiro.

Embora criada há tanto tempo, a máxima "quem não se comunica se trumbica" sintetiza a importância da escrita no mundo corporativo. Mais do que escrever bem, é preciso comunicar-se bem por escrito para falar com uma audiência em escala global. São consumidores, colegas de trabalho, chefes, fornecedores, clientes, anunciantes, prestadores de serviços, entusiastas da marca, formadores de opinião, blogueiros, gente diversa espalhada pelo mundo. Como se comunicar com toda essa audiência ao mesmo tempo sem se trumbicar? Escrevendo bem. Quase todas as plataformas de comunicação digital transmitem mensagens de texto. Então, parafraseando Chacrinha, quem não se comunica bem por escrito se trumbica.

A REDE GLOBAL

À lição de Chacrinha acrescenta-se a do sociólogo canadense Marshall McLuhan, um dos mais importantes estudiosos do impacto dos meios eletrônicos de comunicação de massa na vida em sociedade. McLuhan foi o criador do conceito de aldeia global. Ele visualizava um mundo sem fronteiras geográficas, de língua ou origem, com pessoas conectadas por meios eletrônicos. Parece o anúncio da revolução causada pela internet? Parece, mas McLuhan viveu uma época (1911-1980) em que os computadores eram coisa de desenho animado futurista. Ele falava da televisão, uma invenção que causou tanta comoção quanto a internet.

"O meio é a mensagem", ensinava ele. McLuhan acreditava que o surgimento da televisão, como o tipógrafo antes dela, influenciou a forma de pensar da sociedade ao transmitir informação, conhecimento e entretenimento, mas também modificou de maneira profunda a forma de viver em sociedade. Os telespectadores trocaram os jornais pela telinha, deixaram as rodinhas de conversa na rua para se sentarem em silêncio na sala, desligaram os rádios, abandonaram os cinemas. Era o meio, a televisão, construindo a aldeia global descrita pelo autor. É por isso, concluiu ele, que o meio é a mensagem.

A internet também mudou a vida em sociedade. Ela é a mensagem. No final dos anos 1990, a primeira geração de computadores conectados entre si servia de ferramenta para as empresas fazerem inventários de seus produtos e controlarem cadeias de produção para redução de custos. Eram máquinas de escrever e de calcular mais sofisticadas do que as tradicionais. Nas instituições financeiras, substituíam os funcionários do caixa, causando ondas de demissões no setor. Parecia o início de uma nova Revolução Industrial.

Em 15 anos, tudo mudou. A rede de computadores tornou-se mundial e criou outras formas de relacionamento na sociedade. Deixamos de ser uma aldeia global, como o canadense previa, e passamos a ser uma sociedade em rede, conceito desenvolvido pelo sociólogo espanhol Manuel Castells, respeitado pensador sobre o fenômeno da internet no mundo. "A rede é a mensagem", disse ele, retomando o pensamento de McLuhan. Castells explica que a internet permitiu, pela primeira vez, a comunicação de muitos com muitos, num momento escolhido, em escala global, o que alterou nossa forma de viver.

Basta olhar ao redor. A web organiza encontros (românticos, políticos, científicos), suscita discussões, divulga e promove conceitos, transmite informações. Muita gente trabalha de casa, sem ter de ir ao escritório todos os dias. Executivos poupam o desgaste de muitas viagens com conversas por computador. Grandes corporações empregam profissionais em todos os cantos do globo. Em pouco tempo, até atividades simples da vida cotidiana serão controladas pela internet, à distância.

Ao tratar da internet nos negócios, Castells foi ainda mais direto: "A rede é a empresa", disse ele. Negócios e trabalho em equipe são realizados por pessoas que nunca se encontrarão ao vivo. Elas podem até se conhecer por meio de videoconferências, mas nunca tomarão um café juntas durante o intervalo nem trocarão cumprimentos no elevador. Seu contato ficará restrito a conversas por escrito ou virtuais intermediadas por uma máquina. Mesmo assim, essas pessoas terão de interagir, de se relacionar e trabalhar tão afinadas como se ocupassem salas uma ao lado da outra. É algo mais intenso do que comunicar-se bem. É estar conectado com a rede, entender como ela funciona, conhecer sua dinâmica e, claro, influenciá-la e controlá-la.

A habilidade de escrita nessa rede global está em falta no mercado profissional, como as empresas já descobriram, porque ultrapassa os limites dos conhecimentos elementares de gramática e redação. Escrever bem hoje exige que sejamos um pouco Chacrinha, McLuhan e Castells – mais do que simplesmente escrever, precisamos nos comunicar, nos conectar e nos relacionar com o outro e com todos ao mesmo tempo por meio dos nossos textos. Esse é o desafio dos profissionais na era da internet.

O texto digital

> *"O estilo é um modo muito simples
> de dizer coisas complicadas."*
> Jean Cocteau

CASAMENTO PERFEITO

No princípio, era o e-mail. E o e-mail estava com Deus e o e-mail era Deus. No princípio. Depois, vieram os torpedos, as redes sociais e os aplicativos de mensagens instantâneas. Com a mesma rapidez com que se inseriram no dia a dia corporativo, as novas tecnologias digitais de comunicação caíram em desuso logo em seguida para dar lugar a outras, mais modernas e diversificadas. Mal dá tempo para se adaptar a uma novidade, outra chega com inovações e recursos inesperados e desconhecidos.

A audiência agora é global, mas não homogênea. É preciso falar com públicos diferentes através de meios de comunicação e textos específicos para cada um deles. A palavra "customização", neologismo derivado de *costumer* (consumidor, em inglês) virou queridinha de executivos e frequenta reuniões de profissionais antenados com as últimas tendências de marketing. Da mesma forma como se adapta camisetas e chinelos ao gosto do freguês (a tal *customização*), agora se adapta o texto ao cliente, ao meio de comunicação utilizado, ao objetivo da mensagem. E a adaptação dura só até a próxima surpresa.

Houve um tempo em que amigos batiam à porta sem aviso prévio. Estavam no bairro por outras razões e decidiam dar uma passadinha para um abraço. Eram recebidos com café e bolinhos. Ninguém mais faz isso hoje em dia. Tornou-se deselegante e invasivo aparecer na casa de alguém sem avisar. Da mesma forma, tornou-se invasivo ligar para o celular de um desconhecido e até mesmo de um dos diretores da companhia sem pedir permissão. O resultado dessa mudança na etiqueta é que muita gente agora escreve para perguntar se pode telefonar. É assim também no trabalho: antes de ligar, o colega pergunta se o outro está livre para atender ao telefone.

Há certa hierarquia entre as novas ferramentas de comunicação. Ligar para o celular de alguém se tornou o último recurso. Só ligam familiares e amigos íntimos. Ou colegas da empresa em casos urgentes. No escritório, telefonar para o ramal do colega é bem mais eficiente do que ficar esperando pela resposta a um e-mail ou SMS. WhatsApp seria uma alternativa nesse momento, mas a comunicação depende de disponibilidade do sinal de Wi-Fi ou de conexão com a internet. Embora rápida, a mensagem instantânea nem sempre é viável quando precisamos dela.

Entre todos os novos canais de comunicação digital, o e-mail consolidou-se como o mais usado nas empresas. As novidades demoram a se firmar nos meios corporativos, pois precisam de tempo para ser testadas, aprovadas e incorporadas de maneira oficial. O e-mail já passou por esses testes. Ele serve para comunicação interna, via intranet, e também para falar com o exterior, por meio da web. O e-mail reúne as qualidades das novas mídias, como rapidez e alcance, com a formalidade exigida nos negócios.

E-mails adquiriram *status* de documento oficial. Valem como provas nos tribunais, ajudam a condenar criminosos, desequilibram disputas comerciais e trabalhistas e até definem brigas conjugais. Sendo quase impossível apagá-los do computador, vivem para sempre e nunca perdem a validade. Escreveu e mandou? Não dá para desfazer. Por isso, o e-mail é tão respeitado quanto contratos registrados em cartório e mensagens escritas em papel.

Uma pesquisa realizada pela empresa The Radicati Group (especializada em pesquisa para o mercado de tecnologia), disponível em seu site, apontou que, em 2014, 108,7 bilhões de e-mails profissionais foram enviados e recebidos por dia. A perspectiva é de crescimento. Até 2018, calcula-se que esse número saltará para 139,4 bilhões. O mundo corporativo depende tanto dos e-mails que cerca de 60% das pessoas usam os smartphones para checar a correspondência.

Já as redes sociais viraram mania nos últimos cinco anos. O Facebook é a mais popular no país e no mundo. Calcula-se que 450 milhões de pessoas estejam conectadas ao Face. No Brasil, 89 milhões acessavam regularmente o Facebook em agosto de 2014, segundo dados da empresa. Depois dele, em termos de popularidade, vêm Twitter e Instagram. No mercado de trabalho, o LinkedIn impera. Diferentes entre si, as redes sociais se transformaram em poderosos instrumentos de marketing institucional e relacionamento com clientes, mas ainda há muitas dúvidas sobre sua eficiência e segurança para realização de negócios. Muitas empresas proíbem o acesso a elas nos escritórios para evitar distrações.

Os aplicativos para conversas instantâneas em celulares são as novidades mais recentes e têm se tornado tão populares quanto as redes sociais. Atualmente, 40% dos assinantes da telefonia celular nos EUA usam aplicativos de mensagem instantânea pelo menos uma vez por mês, de acordo com dados da firma de pesquisas ComScore. Em todo o mundo, o uso desses recursos aumentou 103% durante 2014, conforme outra empresa de análise do mercado de celulares, a Flurry. Algumas das opções mais populares são o Viber, que diz ter mais de 200 milhões de visitantes mensais; Line, o aplicativo de mensagens mais popular no Japão, com 170 milhões de usuários; e WhatsApp, o mais conhecido. Acredita-se que tenha 700 milhões de visitantes regulares.

Aplicativos assim, rápidos e baratos, oferecem maior privacidade do que algumas redes sociais, pois os grupos de participantes são fechados e controlados. A maior vantagem desses aplicativos sobre as redes sociais já tradicionais é a portabilidade. Costumam ser muito usados para divulgação de produtos e serviços para jovens, o público mais frequente nessa modalidade. No Brasil, brilharam durante a campanha eleitoral para a presidência da República em 2014, transmitindo mensagens e imagens dos principais candidatos. Sua maior desvantagem é a razão de sua popularidade – a informalidade. Funcionam como registros escritos de conversas informais. Dizem os especialistas que poderá se transformar num dos mais eficientes canais para fins comerciais, pois pode transmitir quase tudo.

E o que dizer das correspondências em papel? De corriqueiras, passaram a especiais. Da mesma forma como antigos LPs tornaram-se objetos de desejo para apreciadores de música (jovens, inclusive), cartas pessoais e convites impressos ganharam ares de luxo e exclusividade. Dar-se ao trabalho de enviar uma carta escrita à mão pelo correio virou um ato de extrema deferência. Quem recebe se sente uma pessoa especial. Só se faz isso em ocasiões solenes e formais, como casamentos, festas, formaturas. Sim, também é possível enviar esses convites pela internet, mas – convenhamos – perderão boa parte do charme e da importância. Convite em papel enviado pelo correio não dá pra recusar, certo? Por e-mail? Talvez.

Escrever bem para comunicar-se bem nesse universo mutante exige uma habilidade complexa: promover casamentos perfeitos do texto com a ferramenta tecnológica ideal e da ferramenta com a mensagem ideal. Meio e mensagem devem caminhar juntos para sempre; um influenciando o outro; modificando-se mutuamente.

Textos para e-mails costumam ser mais formais do que mensagens instantâneas porque se trata de uma ferramenta mais formal. Mas e-mails são mais curtos do que relatórios técnicos corporativos. Da mesma forma como, no passado, cartas de amor eram mais informais do que cobranças judiciais – e muito mais longas. Saber combinar esses elementos é que garante a conexão perfeita no mundo digital. Assim:

a. **É melhor telefonar...**

... quando o assunto for rápido, mas exigir troca de informações. Para acertar a data de um compromisso profissional, por exemplo, basta ligar para o colega. Vocês discutem datas disponíveis e acertam dia, horário e local em apenas um telefonema. Decididos esses detalhes, incluam o compromisso na agenda coletiva de atividades do departamento. Evita o vai e vem de mensagens.

... se precisar de uma resposta imediata. E-mails, torpedos e até mensagens instantâneas podem ser ignorados ou esquecidos na caixa de correio eletrônico e no celular. Além disso, se o assunto for desinteressante, o interlocutor pode alegar que nunca recebeu a mensagem por problemas de conexão. Como saber se é verdade? Se tiver de resolver algum problema já, ligue.

... se quiser descobrir a reação do interlocutor a um assunto específico. Silêncios, hesitação na fala e tom de voz são sinais da sensibilidade do outro ao seu questionamento e só são perceptíveis por meio da fala. Por escrito, sempre dá para camuflar opiniões sinceras. Trata-se de um recurso útil para antecipar a opinião do chefe a um projeto de sua autoria antes de enviá-lo.

b. **Converse ao vivo...**

...se quiser tratar de assunto particular (pedido de aumento de salário, por exemplo) ou delicado (denunciar deslize de um colega) sem deixar provas.

c. Prepare relatórios, memorandos, projetos e outros textos longos...

... quando forem parte da rotina de trabalho da empresa. Em geral, as companhias usam modelos padrão para cada um desses documentos. Certifique-se de que os conhece e sabe qual deles utilizar em cada situação.

d. Prefira e-mails...

... para se apresentar, oferecer produtos e serviços ou pedir algo a alguém em posição hierárquica superior (CEOs, diretores executivos) que você não conhece.

... quando se tratar de assunto complexo, que inclua várias informações ao mesmo tempo, diversos interlocutores e até a anexação de outros documentos.

... para agradecer formalmente a atenção/ajuda/contribuição de alguém.

... para se apresentar a alguém do seu nível hierárquico pela primeira vez.

... se for pedir alguma informação, solicitar ajuda ou oferecer serviços a alguém que você conhece apenas superficialmente.

... ao se dirigir a um conhecido com quem pouco se relaciona.

... se quiser convidar alguém para eventos corporativos rotineiros.

e. Use mensagens instantâneas (WhatsApp e outros aplicativos via internet para celular)...

... quando integrar um grupo de trabalho, desde que se atenha ao assunto de interesse do grupo.

... para tratar de assuntos corriqueiros do escritório.

... se conhecer bem o interlocutor.

... se o relacionamento entre vocês for informal.

... se precisar tomar decisões rápidas em tempo real. Pode ser muito útil em grandes eventos corporativos.

... quando o outro te der a liberdade para isso.

f. **Prefira torpedos e outras mensagens no celular via linhas telefônicas...**

... quando o destinatário estiver fora do alcance de e-mails e mensagens instantâneas que dependam de conexão com a internet.

... se o tema for importante, mas pouco urgente.

g. **Use correspondência em papel...**

... em convites para eventos especiais, como a celebração de 50 anos de fundação da companhia. Entregue por portador.

... para agradecer alguém ou empresa por ajuda/contribuição/colaboração especial. É uma forma elegante de retribuir a ajuda de colaboradores em eventos de ação social ou de marketing.

... se for transmitir felicitações ou pêsames a alguém relevante para a companhia ou para o conjunto dos funcionários.

... quando quiser impressionar.

O TOM CERTO

Cada uma dessas ferramentas exige um tipo de texto, uma "maneira de dizer" as coisas, como ensinavam as nossas avós. No nosso caso, cada ferramenta demanda uma maneira específica de *escrever* as coisas, um estilo – o tom certo. Há até uma historinha para explicar o conceito. Começa quando Pedro, do outro lado do mundo, recebe esta mensagem:

"Pedro, seu gato morreu."

Imaginem o susto do Pedro com uma notícia tão triste transmitida desse modo abrupto. Na primeira oportunidade, ele pediu ao colega que enviara a mensagem que, da próxima vez, fosse mais sutil ao lhe dar uma notícia ruim. Pedro entendia que deveria ter sido preparado lentamente para o desfecho da história em vários telegramas anteriores. O choque teria sido menor. Assim, nesta ordem, ficaria melhor:

Primeira mensagem: *"Pedro, seu gato subiu no telhado."*
Segunda mensagem: *"Pedro, seu gato caiu do telhado."*
Terceira mensagem: *"Pedro, infelizmente, seu gato morreu."*

O interlocutor entendeu o recado. Semanas depois, Pedro recebe o seguinte telegrama:

"Pedro, sua avó subiu no telhado."

No mundo das mensagens escritas, todo cuidado é pouco ao encontrar o tom certo para dizer as coisas. Vários elementos devem ser levados em conta nessa hora:

a. **Quem é o destinatário?**

A identidade do destinatário e o nível de relacionamento com o autor determinam o tom das mensagens escritas. Nós nos dirigimos de maneiras diferentes a interlocutores diferentes, dependendo da posição hierárquica, idade, características de personalidade e da intimidade entre ambos. Já percebeu? Nos textos enviados a amigos próximos, escrevermos de um jeito – em geral, informal e confidencial, sem preocupação com erros gramaticais. Ao nos dirigirmos aos parceiros amorosos, somos carinhosos, incluímos declarações de amor e beijinhos no final. Com os filhos, por vezes somos autoritários, mandões.

No ambiente de trabalho, o tom da nossa escrita sofre grandes mudanças. Estamos sempre em alerta, medindo palavras e opiniões. Falamos e escrevemos de maneira informal com os colegas, mas tomamos cuidado com as palavras, evitando palavrões e gírias, apesar de usarmos expressões corriqueiras. Para os subordinados, nossas palavras são ordens a serem cumpridas. Com os clientes, costumamos ser muito simpáticos e solícitos. E com o chefe? Ah, é outra história. Apesar do relacionamento diário e próximo, quando escrevemos ao chefe, somos formais. As mensagens tratam de assuntos de trabalho. Escolhemos vocabulário sofisticado, com palavras difíceis e pouco usuais, para demonstrar erudição e boa educação. Queremos impressionar. Gírias? Nem pensar.

A habilidade de adaptar o tom da mensagem ao destinatário, respeitando o nível de relacionamento entre os dois lados, é o aspecto mais importante a ser levado em conta ao redigir no trabalho. Natural no passado, quando se escrevia em papel, esse talento parece ter-se perdido com a chegada da web. Os meios de comunicação virtuais trouxeram a ideia de informalidade total, de proximidade total, atropelando convicções e convenções. Por isso, há quem acredite que antigas regras de tratamento estão fora de moda. Nada mais enganoso.

Apesar da juventude dos usuários da rede e da disponibilidade de CEOs e outros dirigentes empresarias em se conectar com internautas, ainda existe hierarquia nas empresas e ela se reflete na escrita. Então, não se deixe convencer pela ideia de liberdade total da internet ao redigir suas mensagens. Conheça o seu destinatário, o cargo que ocupa, e sua personalidade para decidir em que tom se dirigir a ele. Principalmente, tenha clareza do nível de relacionamento entre vocês. Os meios de comunicação digitais são, por excelência, informais. Isso significa que permitem o uso de palavras simples, frases diretas, abreviaturas e siglas. Eles reproduzem o tom de uma conversa pessoal. Entretanto, essa informalidade está longe de admitir falta de educação e palavras desrespeitosas. Textos confusos, erros de grafia e concordância, tratamento deselegante, expressões chulas, nada disso entra na categoria de informalidade. Ao contrário. Textos assim transmitem uma imagem de profissional displicente e despreparado para o ambiente de trabalho. É como chegar à empresa para o expediente de chinelão e shorts. O texto também deve vestir um terninho elegante para se apresentar ao destinatário.

Se a informalidade tem pouco a ver com um estilo "chinelão" de escrever, a formalidade não pode ser confundida com o estilo Luís XV de se vestir, pomposo e cheio de brilho e babados. Palavras pouco conhecidas, longas e em desuso em orações complexas deixam o texto arrogante e, pior, comprometem a clareza das ideias. O melhor estilo de escrita para todos os destinatários é aquele que combina simplicidade e correção formal.

Uma das dúvidas recorrentes é escolher entre *senhor* e *você* como forma de tratamento do destinatário. A boa e velha educação da mamãe recomenda que profissionais seniores sejam tratados por *senhor*, mesmo que eles não gostem disso. Hoje em dia, muita gente mais velha (idosa, terceira idade, melhor idade?) detesta ser chamada de *senhor* ou *senhora*, mas os incomodados que se pronunciem. A etiqueta ainda vale. É *senhor* para os mais velhos e pessoas em posição hierárquica superior, como CEOs e ocupantes de outros cargos de comando.

Ao se dirigir a alguém mais jovem, mas em posição superior, vale a regra principal: é *senhor* sempre. Se o destinatário (mais jovem ou mais velho) preferir, pedirá para ser tratado por *você* mais tarde, com o desenrolar da comunicação entre ambos. Tudo ficará mais fácil a partir daí, pois você terá avançado um degrau na escala da intimidade.

Se o interlocutor for muito mais jovem, *você* cai bem. Mas lembre-se: chamar alguém de *você* não lhe dá o direito de tratar o destinatário como amigo íntimo. A menos que o destinatário seja seu amigo íntimo.

No fundo, no fundo, escolher entre *senhor* e *você* define apenas um aspecto do tom da mensagem. O que conta mesmo é o contexto da mensagem. É possível tratar alguém por *você* e, ainda assim, manter a formalidade de uma comunicação profissional. O oposto também vale: chamar alguém de *senhor* não é garantia de formalidade e respeito. Veja a diferença a seguir.

Informal demais:

E ae, Berê?
Taí o relatório. Dúvidas? Não é comigo.rsrsrs. Bj.
Beto.

Formal demais:

Prezada Berenice,
Em anexo, segue o relatório solicitado sobre assunto em tela. Se, porventura, houver dúvidas e contestações, queira, por favor, formalizar pedido de informação complementar ao departamento competente.
Atenciosamente,
Roberto dos Santos.

O estilo do meio:

Olá, Berenice.
Anexei a este e-mail o relatório que você havia pedido. Se tiver qualquer dúvida, por favor, fale com o departamento responsável pela área.
Muito obrigado,
Roberto.

E assim:

Muito formal: *Mandar-te-ei os resultados auferidos pela investigação de imediato.*
Formal: *Mandarei os resultados auferidos pela investigação assim que possível.*
Informal: *Vou mandar os resultados da investigação hoje à tarde.*
Muito informal e com erros: *Vô manda os resultado logo, fico tudo de bom.*

Desconfie do ambiente informal das *happy hours* e festas na empresa. Não é porque o gerente tomou uma cerveja ao seu lado durante o churrasco de Natal que você poderá tratá-lo como companheiro de bar em e-mails e correspondências internas. Seja sempre respeitoso, embora possa chamá-lo por você, e nunca mencione episódios de encontros fora da empresa em documentos de trabalho. O que acontece no churrasco fica no churrasco.

Continua na dúvida sobre ser formal ou informal? Anote: melhor pecar pelo excesso de formalidade do que pela falta. Você sempre poderá ajustar o tom de seu texto para uma versão mais informal se a conversa avançar e o interlocutor lhe der essa abertura. Mas será impossível voltar a uma linguagem formal se você já estrear como se fossem amigos há décadas.

b. O teor da mensagem

Outra dificuldade cotidiana é adaptar o tom do texto ao teor da mensagem. Eis aí mais uma das habilidades necessárias para se chegar a um bom texto corporativo: saber medir o nível de solenidade de um texto. Temas sérios, como a morte de alguém, devem ser tratados com sobriedade. Nada de brincar com esse tipo de assunto. Já o envio de uma nova remessa de produtos ou a apresentação de um colega ao grupo de trabalho integram a lista de assuntos secundários – permitem textos informais e descontraídos.

Em qualquer circunstância, evite ironias – um recurso linguístico em que o autor escreve uma coisa querendo dizer outra, em geral, para criticar ou ironizar. Assim:

Ele é tão competente, conseguiu apagar todo o texto já pronto!
Que evento maravilhoso, quanta conversa jogada fora!

Por isso, pontos de exclamação são estranhos no ninho da comunicação escrita corporativa. Eles servem para dar ênfase a expressões positivas, como as de agradecimento e congratulações:

Parabéns pela promoção!
Sua apresentação foi perfeita!

Mas têm um lado perverso, porque servem para expressar ironia. Deste modo:

O resultado ficou abaixo do esperado. Quanta eficiência!

Dá pra sentir a diferença entre um caso e outro? Nas duas primeiras frases, há sinceridade nos comentários. No segundo, o elogio é falso. Cuidado. Ironia é recurso para textos literários. Se você não consegue elogiar ou criticar com elegância, não diga nada.

Vale a mesma recomendação para piadas e gracinhas: melhor evitá-las. Nem todo mundo tem o seu senso de humor.

c. Sinceridade com jeitinho

Opiniões sinceras são bem-vindas e estimuladas por muitas companhias. CEOs mantém blogs abertos a comentários, assim como empresas aceitam postagens livres em páginas do Facebook. Aproveite essas oportunidades para apresentar opiniões e contribuir com discussões temáticas. Mas faça isso com educação e respeito, sem desqualificar quem pensa diferente. Responda a argumentos, ideias, fatos com a apresentação de argumentos, ideias e fatos.

Prefira a apresentação de alternativas e soluções a críticas. Em vez de escrever "isso é uma tremenda bobagem" ou "isso é mentira", diga "eu discordo da sua opinião" ou "eu discordo de seus comentários". Em seguida, exponha com clareza seu pensamento dizendo "eu acredito que" ou "eu entendo que". Fica menos beligerante e demonstra habilidade em lidar com opiniões opostas e contraditórias.

Nos aplicativos de conversas instantâneas, uma alternativa para elogios é enviar sinais gráficos de apreciação, como mãozinhas aplaudindo ou o polegar para cima. É rápido, fácil e não compromete ninguém.

Em qualquer situação: palavrões são inadmissíveis. Ofensas pessoais também.

d. O caso das abreviaturas

Em documentos internos, como memorandos e relatórios, abreviaturas são proibidas. Exceções são e-mails informais enviados a colegas de trabalho para tratar de assuntos de menor importância, como uma reunião ou um detalhe de projeto, e em mensagens instantâneas. Mesmo assim, seja gentil com o interlocutor que pode estar desinformado sobre as manias da rede: só abrevie palavras muito conhecidas (p/, vc, tb, pq).

Nunca reproduza o som das palavras para fugir de acentos gráficos nos teclados do celular. Escrever "naum" em vez de "não" é horrível. Faça um favor a si mesmo e descubra como acentuar as palavras no teclado, do celular e do tablet. Se a resistência aos acentos for insuperável, descubra sinônimos sem acento. No mínimo, vai melhorar o seu vocabulário.

e. **A correção gramatical**

Textos gramaticalmente corretos impressionam o leitor. O contrário também é verdadeiro: erros graves de concordância nominal e verbal, de ortografia, de pontuação e acentuação mancham a imagem de qualquer profissional. Então, preocupe-se sempre em seguir as regras gramaticais da língua culta, mesmo se estiver usando ferramentas informais de comunicação.

Além disso, quem disse que os sinais gráficos foram abolidos? Ponto de interrogação é fundamental. Sem ele, como saber se você está afirmando ou perguntando? Numa conversa ao vivo, dá pra perceber a intenção da fala pela entonação de voz. Por escrito, faz-se necessário um sinal gráfico para esclarecer a diferença. Veja:

A reunião começou.
A reunião começou?

Vírgulas e ponto-final, então, nem se fala. Sem eles, as mensagens ficam incompreensíveis, em especial, nos textos para mensagens rápidas no celular. Como saber quem é quem? Deste modo:
Assim, não:

Falta limpar os banheiros masculinos Pedro

Pedro é o autor da mensagem ou a pessoa a quem estamos nos dirigindo? Como saber?

Assim, sim:

Falta limpar os banheiros masculinos. Pedro.

Pedro é a assinatura, o autor da mensagem.
Ou

Pedro, falta limpar os banheiros masculinos.

Pedro é o destinatário
E assim?

Pedro, falta limpar os banheiros masculinos. Berenice.

Pedro ainda é o destinatário e Berenice, a autora do texto. Berenice está comunicando Pedro da falta de limpeza dos banheiros. Em grupo de pessoas que trabalham juntas, a clareza dada ao texto pelos sinais gráficos deixa a comunicação mais eficiente.

f. A hora do adeus

É preciso se despedir? É. Trata-se de uma regra de educação e clareza. Dessa forma, o destinatário saberá que o seu documento terminou. Em correspondências eletrônicas internas para colegas de trabalho (informais, portanto), um simples obrigado e seu primeiro nome resolvem a questão. Para ocasiões formais, em correspondências destinadas a pessoas que você desconhece ou conhece pouco, inclua seu nome completo, a empresa em que trabalha e o cargo que ocupa. Em muitas empresas, esses detalhes são padronizados.

Animações? Carinhas? Aplauso? Deixe-as para as mensagens pessoais e instantâneas, via celular. Ninguém precisa desses recursos para provar que é uma pessoa conectada com as novidades digitais.

Abraços são aceitáveis nos casos em que você e o seu destinatário se conhecem pessoalmente. Aliás, prefira a versão no singular. Assim:

Obrigada, abraço.
Arlete.

Já beijos são muito íntimos (no singular ou no plural). Melhor deixá-los de fora.

A conclusão de uma mensagem segue o tom adotado no início. Se você optou por um tratamento formal, despeça-se formalmente. Se o início foi informal, encerre do mesmo jeito. Assim:

Prezado diretor Nelson Araújo de Souza,
Respeitosamente.

Assim também:

Professor Nelson,
Atenciosamente.

Ainda assim:

Nelson,
Obrigada.

g. **Imagens e vídeos**

Muitos usuários preferem enviar imagens em vez de digitar palavras. É possível, por exemplo, mandar a foto do cartão de visitas para evitar o trabalho de digitação dos dados. Outras opções são vídeos curtos de treinamento ou de apresentação de um escritório, uma fábrica, um imóvel, a reprodução de um projeto arquitetônico etc. São recursos válidos, desde que usadas com cuidado. Assim:

- Certifique-se de que as imagens e fotos respeitam a privacidade e a dignidade das pessoas expostas. Lembre-se que, ao cair na rede, uma foto torna-se pública para sempre.
- Esteja certo de que as pessoas mostradas no vídeo/foto concordam com a divulgação das imagens. Coloque-se no lugar delas. Como você se sentiria se aparecesse na foto? Concordaria com a divulgação? Na dúvida, não mande.
- Nunca passe adiante imagens ofensivas, racistas e sexistas, tampouco chantagens e ameaças de violência e agressão pessoal. Você também é responsável pelo material que apoia e passa adiante.

Como escrever

> *"Os homens de poucas palavras são os melhores."*
> William Shakespeare

E-MAILS

A turma do escritório vive grudada no celular, mas não é pra falar. Quer mesmo é olhar a caixa de correio eletrônico. Segundo o Pew Research Center, 88% dos usuários de smartphones checaram/enviaram e-mails no aparelho durante o período de pesquisa sobre hábitos de uso de celulares, realizada em 2014. O índice superou o de acesso às redes sociais (75%). O Pew Research Center é uma organização independente que se dedica à análise e pesquisa de temas de interesse público.

Parece familiar? O comportamento obsessivo com a correspondência digital virou rotina nas empresas. Se você vive num ambiente assim, já experimentou uma ou várias dessas situações:

- Chegou um e-mail do chefe, mas não fica claro o que ele quer que você faça.

- O texto vem de uma área técnica da companhia e tem muitos jargões, abreviaturas e acrônimos. Você fica sem entender uma palavra.
- O colega escreve sobre alguma coisa que você deveria saber, mas você nunca ouviu falar sobre o assunto.
- O texto faz uma longa apresentação do assunto, levando décadas para entrar no assunto principal.
- A linha de assunto diz uma coisa e o conteúdo da mensagem, outra.
- A mensagem traz vários anexos sem explicação sobre o conteúdo de cada um.
- Você foi incluído numa longa lista de destinatários, mas ignora por quê.
- O site que você está visitando só traz um e-mail como forma de contato. Você envia várias mensagens, mas ninguém responde.
- Aquele relatório de um grupo de trabalho contém todas as informações do caso, menos as conclusões e recomendações de ação.
- O orçamento pedido inclui só o preço final do serviço, sem detalhes como prazos e etapas de execução do trabalho.

Nesse caos cotidiano, a eficiência da correspondência digital vira pó. A ferramenta eletrônica é rápida e acessível, mas a forma de utilização compromete o resultado. Algumas empresas já perceberam que, muitas vezes, pouco importa ter à disposição recursos tecnológicos avançados se os funcionários não sabem usá-los ou – pior ainda – recusam-se a usá-los.

Um desses casos relatados por estudiosos da comunicação eletrônica refere-se aos mecanismos que identificam o *status* do funcionário no trabalho – ocupado, em reunião, disponível. Muitos usuários recusam-se a expor aos colegas sua rotina de trabalho ou usam "ocupado" o tempo todo. Resultado: a ferramenta vira uma inutilidade.

O mesmo raciocínio vale para e-mails. Trata-se de uma valiosa ferramenta de comunicação corporativa, desde que usada de maneira eficiente. Em excesso ou inapropriado, o e-mail mais atrapalha do que ajuda, pois retarda os negócios e sobrecarrega as caixas de correspondência.

E-mails são diferentes de uma conversa num dispositivo de mensagens instantâneas. No WhatsApp, os dois lados se conhecem e tratam de um assunto de interesse comum, dispensando explicações. Ambos estão on-line e esperam um vaivém de textos rápidos e curtos, perdoam eventuais erros gramaticais; sabem que a rapidez se impõe. Em e-mails, a situação é outra.

E-mails fazem parte da rotina diária de trabalho no escritório. Ficam registrados para sempre e têm o poder de fazer andar ou retroceder um negócio ou um projeto. São também muito portáteis. Podem ser escritos e lidos em qualquer horário e lugar. Adquiriram *status* de documento oficial. Por tudo isso, transformaram-se em instrumento básico de comunicação nas corporações. Quase nada se faz no escritório sem a ajuda de e-mails.

Eles têm características próprias. Devem ser curtos e rápidos e precisam ser respondidos de forma rápida também, para manter o fluxo da comunicação. Costumam ser informais, mas vêm ganhando formalidade à medida que substituem cartas e outros documentos em papel.

Algumas técnicas de redação e estilo ajudam a escrevê-los de forma a conquistar os destinatários e alcançar seus objetivos sem entulhar a caixa de correspondência alheia:

Respondendo

Seja eficiente: Se você tem mais de um endereço eletrônico, cheque-os todos os dias e responda prontamente. É comum as pessoas terem endereços diferentes para questões profissionais e pessoais, mas é importante tratar os dois (ou três ou quatro) endereços com a mesma consideração. Hoje em dia, espera-se que e-mails sejam respondidos em até 48 horas. Se você ficar sem acesso à sua caixa de correspondência por um tempo mais longo do que isso, é recomendável deixar um aviso automático de ausência.

Escolha o que responder: Nem todos os e-mails merecem ser respondidos. Vez por outra, chega uma mensagem perguntando se alguém tem uma indicação de empresa ou especialista para fazer um trabalho qualquer. Ou alguém quer opinião sobre um projeto/ideia em andamento em outro país ou empresa. Só responda se tiver algo a oferecer. E faça isso de maneira completa, com nome, endereço e número de telefone para contato ou com a fonte de informação sobre aquela ideia. É inútil enviar correspondência a todos para dizer "lamento, mas não conheço ninguém dessa área". Se não tiver nada para dizer, não diga nada.

Destaque suas ideias: Se, ao contrário, você tiver contribuições a dar a uma questão/problema/discussão, aproveite para valorizar suas opiniões. Recursos como o uso de numerais e de *bullets* ajudam a organizar o seu texto e torná-lo mais objetivo. Destacar alguns pontos de suas opiniões com cores (amarelo é mais usual) também garante que os olhos do leitor vão direto ao que lhe interessa mostrar.

Não grite: LETRAS MAIÚSCULAS parecem gritos escritos. Evite-os. Prefira o uso tradicional de maiúsculas e minúsculas para marcar início de frases e nomes próprios. Além disso, textos em letras maiúsculas ou só em minúsculas dificultam a leitura e atrapalham a compreensão. Veja a diferença:

> Assim, não:
>
> *OS CONTÊINERES COM OS PRODUTOS DA CHINA CHEGARAM COM ATRASO. O PESSOAL DA LOGÍSTICA ESTÁ AVERIGUANDO ONDE OCORRERAM OS ATRASOS E POR QUÊ. ASSIM QUE HOUVER MAIS INFORMAÇÕES, EU AVISO.*

Nem assim:

os contêineres com os produtos da china chegaram com atraso.o pessoal da logística está averiguando onde ocorreram os atrasos e por quê. assim que houver mais informações, eu aviso

Assim, sim:

Os contêineres com os produtos da China chegaram com atraso. O pessoal da logística está averiguando onde ocorreram os atrasos e por quê. Assim que houver mais informações, eu aviso.

Pense duas vezes...
...antes de encaminhar um e-mail para outras pessoas. Verifique se o autor original concorda com a divulgação. Pense: como a sua decisão de distribuir um e-mail irá afetar o colega que o escreveu? Você pode não ser o autor do conteúdo da mensagem, mas tem responsabilidade sobre o processo de distribuição e divulgação. Se tiver dúvida sobre se pode e deve encaminhar um e-mail para outras pessoas, consulte o autor.
...antes de apertar a tecla encaminhar. Na pressa, por hábito, você pode clicar em responder em vez de encaminhar. Muita gente já enfrentou situações constrangedoras quando isso acontece, enviando ao autor da mensagem comentários maldosos ou inconvenientes. O melhor mesmo é abster-se de fazer comentários maldosos ou inconvenientes em e-mails.

Apague sem piedade: Por mais filtros e controles contra spam e e-mails promocionais que a tecnologia moderna tenha criado, a sua caixa de mensagem ficará cheia deles. Apague-os sem piedade. E, por favor, nunca encaminhe correntes de orações e doações, mesmo que sejam em benefício de uma boa causa.

Arquive com sentido: Sejamos honestos: muito pouca coisa é realmente importante e urgente nos e-mails. O que se encaixar nessa categoria deve ir para um arquivo, organizado conforme seus critérios e necessidades. Se você arquivar sua correspondência com atenção e cuidado, metade de seus problemas com e-mails terminarão. Você poderá aproveitar melhor o tempo e a energia gastos na busca incessante por documentos perdidos no meio da bagunça do computador. Seja generoso ao arquivar, criando quantas pastas forem necessárias para guardar os e-mails de maneira organizada e de acordo com seus próprios critérios. Lembre-se: e-mails são documentos e provas. Guarde o que for relevante. O resto? Lixo.

Depois daquela viagem...
...você tem de enfrentar a maratona de mensagens acumuladas. Mesmo que você tenha sido aplicado o suficiente para lê-las durante as férias ou durante aquele intervalo de almoço de um evento com representantes internacionais ou ainda de madrugada (sei lá o seu nível de insensatez), ainda haverá uma tonelada delas. Então, não se engane. Não há a menor chance de você ler todos e respondê-los. O segredo para sair desse labirinto é selecionar o que precisa ser lido e respondido e o que vai para o lixo.

Por hábito ou preguiça, as caixas de mensagens eletrônicas são organizadas por ordem decrescente de chegada: as mais recentes aparecem por último, mas são as primeiras a serem lidas. Esse critério nem sempre é o melhor, porque desconsidera o conteúdo da mensagem. Então, aprenda a organizar a sua caixa utilizando critérios que atendam às suas necessidades no trabalho, como remetente e assunto.

Selecionar remetentes é viável, mas indicar um tema é muito mais difícil, pela forma vaga com que as mensagens são apresentadas na linha de assunto. A menos, é claro, que você integre um grupo de trabalho cujos membros escolham palavras-chave para identificar o assunto. Pense nisso como sugestão para organizar o trabalho coletivo. Dessa maneira, a organização de mensagens por tema torna-se possível e muito eficiente.

Se a sua caixa estiver configurada no formato tradicional, observe primeiro o nome do remetente e a linha do assunto, mesmo imperfeita. Ignore as mensagens de pessoas desconhecidas e aquelas linhas de assunto que não lhe interessam. Lá se foi metade da correspondência. Das que sobraram, selecione para ler apenas as relacionadas ao seu trabalho. Seja objetivo na seleção. Leia o resto em outro momento.

Agora é a hora da leitura. A dúvida aparece: leio primeiro os e-mails mais antigos ou os mais recentes? Conselho: os mais recentes. Os antigos já estão atrasados mesmo e nada que você faça vai mudar isso. Ao dar atenção às mensagens mais recentes, você, pelo menos, conseguirá estar em dia com parte da correspondência.

Se houver um daqueles e-mails que parecem pirâmide da sorte, pelo número de mensagens trocadas entre os inúmeros destinatários, leia somente o último da cadeia de conversação. Você vai ter uma ideia do que está acontecendo sem ter de ler tudo. A maioria dessas discussões coletivas se arrasta dias e até semanas sem solução. Se a sua participação for decisiva, selecione para responder. Do contrário, ignore. É caso perdido.

Não enrole: Nada irrita mais o destinatário do que respostas vagas do tipo "estamos providenciando", "estamos acompanhando" e o clássico "vou estar te mandando". Fica muito claro que você não tem respostas a dar. Apresente fatos e soluções, sem enrolação. Antecipe-se às dúvidas do autor. Veja:

E-mail:

Marina, como vai o relatório econômico para o primeiro semestre de 2015?
Obrigado,
Luís Paulo Seixas
Supervisor da área Econômica II
XXX do Brasil S/A

Assim, não:
> *Caro Luís Paulo,*
> *Estamos terminando a análise. Acredito que em mais alguns dias vamos poder ter uma data para entrega.*
> *Obrigada,*
> *Maria Clara*
> *Economista*
> *XXX do Brasil S/A*

Nem assim:
> *Caro Luís Paulo,*
> *Como você deve saber, tivemos alguns problemas técnicos e estamos trabalhando para terminar o projeto o mais rápido possível.*
> *Obrigada,*
> *Maria Clara*
> *Economista*
> *XXX do Brasil S/A*

Assim, sim:
> *Luís Paulo,*
> *Concluiremos a análise dos resultados na próxima semana. Depois disso, teremos ainda mais uma semana para a redação dos relatórios. Segundo o nosso cronograma de trabalho, o documento final estará pronto para distribuição no dia 30 de março. Você receberá uma cópia.*
> *Muito obrigada, abraço.*
> *Maria Clara*
> *Economista*
> *XXX do Brasil S/A*

Ou assim:
> *Luís Paulo,*
> *Infelizmente, tivemos alguns problemas técnicos na fase de análise, mas acreditamos que vamos concluir o docu-*

mento no dia 30 de março. Se houver novo adiamento ou se conseguirmos antecipar essa data, eu te informo.
Obrigada,
Maria Clara
Economista
XXX do Brasil S/A

Esclareça: Nas duas últimas respostas, Maria Clara respondeu todas as dúvidas que Luís Paulo pudesse ter sobre o assunto mesmo sem ter perguntado. Ele deixou de perguntar, por exemplo, se receberia o documento. Como se tratava de um supervisor, era possível supor que ele o receberia. Na primeira versão, Maria Clara fez questão de eliminar as dúvidas sobre essa possibilidade, garantindo que sim, ele receberia o documento.

Na segunda versão, ao informar as dificuldades para a conclusão do trabalho, ela garantiu que Luís Paulo receberia atualizações sobre o andamento do projeto. Ela o poupou do trabalho de enviar outro e-mail pedindo que o mantivesse informado.

Maria Clara esteve sempre à frente das necessidades de Luís Paulo.

Contextualize: Mesmo em resposta a um e-mail, nunca pressuponha que o destinatário sabe do que você está falando. Ao contrário: sempre imagine que ele ignora do que você trata. Afinal, o outro pode estar envolvido em vários assuntos ao mesmo tempo – como você, aliás – e ficar na dúvida sobre a razão do seu e-mail. Então, ajude-o nessa hora informando logo no começo do e-mail o contexto no qual você está escrevendo. Explique por que você está escrevendo. Mas faça isso de forma muito breve, só para refrescar a memória do destinatário. Essa providência é fundamental ao responder a e-mails antigos. Veja:

Assim, não:

Mauro,
Dos que responderam à pesquisa, 60% estão muitos satisfeitos, 20% estão satisfeitos, 10% estão insatisfeitos/muito insatisfeitos e 10% são indiferentes.

Obrigada,
Magali
Estatística
YYY do Brasil S/A.

Assim, sim:

No seu último e-mail, você perguntou se os resultados da pesquisa de opinião dos usuários dos nossos serviços de cafeteria estavam concluídos e o que revelavam. A compilação da pesquisa terminou ontem e apontou estes resultados:

- ***60% dos usuários estão muito satisfeitos com a qualidade da comida e do lugar.***
- *20% dos usuários estão satisfeitos com a qualidade da comida e do lugar.*
- *10% estão insatisfeitos/muito insatisfeitos com a qualidade da comida e lugar.*
- *10% são indiferentes.*

Ao todo, 120 pessoas participaram voluntariamente da pesquisa.

Se quiser conhecer o trabalho todo, anexei o documento completo à mensagem.

Obrigada,
Magali
Estatística
YYY do Brasil S/A

Na segunda versão, a autora fez uma breve contextualização da conversa, deixando claro logo no início qual era a pergunta que seria respondida. Em seguida, apresentou os pontos principais do trabalho, em *bullets*, destacando em negrito (Não dá para ser colorido!) o item mais importante. E ainda finalizou com uma explicação sobre o conteúdo do documento anexado à mensagem.

Pão pão, queijo queijo: Ao responder a um convite para participar de uma reunião ou de um evento, seja claro.

>Assim, não: *Sim*
>
>(*sim* o quê? Recebeu o convite ou confirma?)
>
>Nem assim: *Ok*
>
>(*ok* o quê? Confirma ou declina o convite?)
>
>Assim, sim: *Confirmo minha participação na reunião de coordenadores do Projeto Amadeus no dia 23 de janeiro, às 14 horas, na sala Cantalupe.*
>
>*Obrigada,*
>*XXXXXXX*

Acerte o destinatário: Evite o recurso de responder a todos os destinatários em um e-mail. Dirija-se apenas àquela pessoa que está no controle das informações e do tema da discussão. Nem todos os e-mails enviados para um grupo precisam ser respondidos para todas elas. Exceções são casos envolvendo todos os participantes, como a atualização sobre o andamento de um projeto. Já a informação do RH sobre a disponibilidade de um novo serviço de empréstimo de emergência deve ser respondido apenas para o autor do e-mail inicial. Poupe os colegas dos detalhes da sua vida pessoal.

Esfrie a cabeça: Cuidado com a raiva ao receber um e-mail desagradável. O ideal é que você escreva o que quiser, para desabafar, mas se acalme antes de apertar a tecla enviar. "Durma uma noite" com e-mail, isto é, deixe para decidir se envia a correspondência desaforada no dia seguinte. Mais calmo, de cabeça fria, você vai perceber que não vale a pena responder na mesma moeda.

Sem privacidade: E-mail de trabalho parece correspondência particular. É só aparência. Todo o conteúdo dos e-mails, assim como a lista de contatos, do computador e do celular da empresa para a qual você trabalha pertencem à empresa. Por isso, abandone qualquer perspectiva de privacidade. Nunca escreva algo que o seu chefe não possa ler. A recomendação vale, inclusive, para conversas instantâneas em qualquer meio eletrônico. Elas nunca desaparecem.

Iniciando o contato

Nessa hora – a hora de escrever – tenha em mente dois objetivos. O primeiro, capturar a atenção do destinatário a ponto de fazê-lo ler a sua mensagem e respondê-la. Você sabe que a sua correspondência desembarcará numa caixa de correio lotada e que o seu destinatário estará correndo contra o tempo para respondê-las antes de poder ir para casa e ajudar as crianças com a lição do dia. O segundo, poupar o destinatário de um momento de irritação. A maior parte das pessoas detesta responder a e-mails, porque eles dão trabalho e tomam muito tempo. Todo mundo quer se livrar logo deles.

Então, em qualquer circunstância, coloque-se no lugar de quem vai receber o seu e-mail. Antecipe reações, dúvidas, incertezas. Seja claro, direto, sem ser deselegante ou grosseiro. Deixe seu e-mail do jeitinho que você gostaria que fossem os e-mails dos outros para você. Algumas recomendações ajudam a escrever o e-mail perfeito:

Apresente-se: Se você está escrevendo a alguém que não conhece ou conhece pouco, apresente-se logo de cara. Dê o seu nome e o da instituição que representa logo no início.

Assim:

Professor Lemos,
Meu nome é Ana Lucia Ferreira e sou sua aluna no curso de Português avançado no Colégio da Esquina.

Ou

Caro Luiz Paulo de Assis,
Eu sou gerente financeiro da YYY do Brasil e nós nos conhecemos no mês passado durante uma conferência sobre tributação em Recife.

Em seguida, apresente a razão para estar escrevendo. Assim:

Professor Lemos,
Meu nome é Ana Lúcia Ferreira e sou sua aluna no curso de Português avançado no Colégio da Esquina. Tive sérios problemas de saúde e não vou poder cumprir o prazo para a entrega da dissertação sobre Camões. Gostaria de pedir um adiamento. Acho que vou precisar de três dias a mais. Seria possível?

Ou

Caro Luiz Paulo de Assis,
Eu sou gerente financeiro da YYY do Brasil e nós nos conhecemos no mês passado durante uma conferência sobre tributação em Recife. Na ocasião, você mencionou novos procedimentos adotados pela sua empresa para controle de pagamentos de tributos. Fiquei interessado em conhecê-los melhor.
Assim, gostaria de saber se você poderia me mandar mais detalhes sobre essas medidas e os resultados observados na sua companhia.

Agradeça e assine:

Obrigada, professor.
Ana Lúcia Ferreira
Telefone: (000) 99999 9999

> *Muito obrigado.*
> *Jorge Cândido Amaral*
> *Gerente Financeiro*
> *YYY do Brasil S/A*
> *Endereço*
> *Telefone*

Capriche na linha de assunto: Ah, se você tiver de eleger um só componente do e-mail para se dedicar, que seja a linha de assunto. Ela deve ser, antes de tudo, informativa. Desse modo, vai servir de chamariz, atraindo a atenção e o interesse do leitor. Se estiver bem escrita, pode ter certeza que o destinatário dará um clique na sua mensagem. Você já terá alcançado metade do seu intento (o de ser lido) só com uma linha de texto.

> Assim, não: *trabalho atrasado*
> Assim, sim: *adiamento de entrega de dissertação*
>
> Assim, não: *pedido de informação*
> Assim, sim: *pedido de informação sobre pagamentos de tributos*
>
> Assim, não: *lançamento de prédio*
> Assim, sim: *novo prédio na Vila Madalena*
>
> Assim, não: *reunião de diretoria*
> Assim, sim: *reunião da diretoria dia 2 de agosto*
>
> Assim, não: *problemas no telefone*
> Assim, sim: *telefones mudos por 2 horas*
>
> Assim, não: URGENTE! URGENTE! URGENTE! (Ninguém acredita mais).

Limite o número de destinatários: Coloque-se no lugar do receptor da mensagem e imagine-se lendo o texto. Responda esta pergunta, como ele responderia: "Faz parte das minhas funções participar dessa discussão?" Só envie e-mails para as pessoas que participam do assunto em questão de forma direta. Evite mandar e-mail para todo mundo. Pergunte, informe-se antes de escrever e enviar uma mensagem coletiva.

Use o mesmo procedimento para identificar quem deve receber uma cópia da mensagem. Nada irrita mais alguém no trabalho do que perder tempo lendo um e-mail sobre um assunto alheio ao seu trabalho.

Dê nome aos bois: Se você ocupa cargo de liderança e coordenação de projetos, seja específico nas suas ordens, especialmente em e-mails coletivos. Diga quem deve fazer o que e até quando. Deste modo:

> *Colegas,*
>
> *A fase 2 das obras de reforma da garagem subterrânea começará em um mês e precisamos tomar uma série de providências para evitar transtornos na entrada e saída dos carros. Este é o plano de ação formulado na última reunião da comissão de obras:*
>
> *Mateus ficará responsável por negociar com estacionamentos nas proximidades os preços para uso de 20 vagas durante um mês. Precisamos de três orçamentos até o dia 15.*
>
> *Silmara fará a orientação dos supervisores e dos guardas sobre procedimentos de segurança a serem adotados durante o período de obras.*
>
> *Marcelo preparará todo o material de comunicação interna e externa para informação prévia dos funcionários e visitantes também até o dia 15, para aprovação da comissão.*
>
> *Obrigado a todos,*
> *Lino.*

Cuidado com a grafia de nomes: Alessandra é com x ou ss? É Arthur ou Artur? Edson ou Edison? Essa delicadeza impressiona quem recebe o e-mail. Tenha certeza da grafia do nome das pessoas com quem se corresponde por escrito. Nomes grafados de forma errada incomodam muito, porque passam a impressão de indiferença. Pessoas gostam de ser individualizadas – aí está o sucesso de produtos personalizados para provar. Escreva para uma pessoa como se ela fosse única, que é como ela se sente.

A recomendação vale para o cargo ocupado pelo destinatário. Trata-se de um detalhe importante se o texto for formal. Se for escrever "senhor presidente" ou "senhor diretor", tenha certeza de que a informação está correta. Você odiaria ser rebaixado de diretor para gerente em um e-mail, certo?

O mesmo cuidado deve ser tomado ao escrever os nomes de empresas e produtos. Grafias erradas causam péssima impressão.

Quando exigir recibo de recebimento/leitura: Em geral, pedir recibo de recebimento e leitura passa a ideia de que o autor desconfia da honestidade do destinatário. Além disso, exige um clique a mais durante a leitura – e nós evitamos dar mais trabalho aos nossos leitores, certo? Então, use os recursos do sistema para pedir recebidos de recebimento e/ou leitura apenas em casos especiais.

Quais são esses casos? Aqueles em que você precisa de uma prova oficial de envio do e-mail e de que o outro recebeu, leu e ignorou. Em geral, são casos de disputa financeira ou judicial. Quando isso acontece, os dois lados já ultrapassaram os limites da negociação pacífica e entraram no terreno litigioso. Portanto, desconfiam um do outro.

Convite para reuniões e eventos também podem seguir com pedidos de recebimento e leitura.

Assine sempre: Tenha dois tipos de assinaturas. Um, para o público externo, com nome completo, cargo, nome da companhia para a qual trabalha e número do telefone. Outro, para o público interno, colegas de trabalho, conhecidos e amigos de empresas parceiras. Nesse caso, seu nome completo, função e telefone bastam.

Formate: Use espaço simples entre as linhas e duplo para marcar o início dos parágrafos, já que os textos de e-mail, em geral, ignoram a tradicional margem do papel.

Ah, sim, parágrafos ainda estão em uso. Em cada parágrafo, desenvolva uma ideia. Nada de misturar tudo, como se o e-mail fosse massa de pão. Encerre cada oração com ponto-final e passe para a linha seguinte, dando espaço maior entre as linhas. Letra maiúscula na primeira palavra da frase marca o início do novo parágrafo.

Sinais gráficos são importantes para facilitar a leitura e a compreensão dos textos. Use pontos-finais para marcar o fim de uma frase e vírgulas para separar e ordenar informações.

Releia: Antes de clicar enviar, leia o texto mais de uma vez, buscando erros de digitação, de gramática e de conteúdo. Faça correções e ajustes, se necessário. Avalie o tom da mensagem e a clareza das frases. O texto reproduz o que você quer mesmo dizer? Reescreva, se encontrar discrepâncias. Por fim, verifique se destinatário e linha de assunto estão corretos. Pronto. Agora, vai. *Clique.*

CONVERSAS INSTANTÂNEAS

Textos em aplicativos para mensagens instantâneas em smartphones, como o WhatsApp, reproduzem o ritmo das conversas informais. Trata-se de um bate-papo por escrito. Muita gente passa horas conversando por escrito, mandando vídeos, fotos, áudio, trocando informações do dia a dia, receitas e comentários passageiros. Tudo muito informal, descompromissado.

Como é preciso ser ágil no teclado do celular para acompanhar o ritmo do pensamento, as abreviações proliferam, assim como o uso de imagens que reproduzem sentimentos (carinhas, mãozinhas, corações, polegares...). Costuma-se ignorar erros gramaticais, sinais gráficos e acentuação de palavras. O que vale é rapidez. Mandou, espera-se que o outro responda na hora. O próprio aplicativo "entrega" quem recebeu, leu e não respondeu. Tudo isso, associado ao baixo custo da comunicação, tornou o WhatsApp uma ferramenta muito popular.

Nas grandes empresas, aplicativos assim têm sido úteis para o trabalho coletivo em atividades temporárias, como eventos promocionais e de marketing, e durante a execução de projetos específicos. São atividades que envolvem várias pessoas. Elas precisam estar conectadas de forma instantânea durante algum tempo. Terminada a atividade, o grupo se dissolve ou se reduz. Existem também grupos contínuos entre membros de um mesmo departamento para troca de informação e comunicação ou para mera conversação. As possibilidades de uso dessas ferramentas parecem infindáveis.

A partir do perfil do Whatsapp, em que a rapidez é a alma do negócio, já dá para identificar as principais características dos textos mais eficientes para fazer tal ferramenta funcionar bem: objetividade e clareza. Afinal, na hora h, quando a comunicação precisa ser instantânea, é preciso ir direto ao ponto, fazer as perguntas certas para as pessoas certas e dar respostas igualmente certas para evitar mal-entendidos. E a gramática? Bem, o WhatsApp tem sido usado sem muita preocupação com a correção gramatical. Entretanto, o bom senso recomenda que, no trabalho, escrevamos bem em qualquer circunstância, ferramenta ou ambiente digital. Lembre-se de que a qualidade de redação é elemento importante na avaliação de um profissional. Custa pouco escrever certo, certo?

Há uma diferença grande entre textos informais e textos com erros de grafia e concordância verbal e nominal. Escrever "enchergar" em vez de "enxergar", "nóis vai" no lugar de "nós vamos" ou "vo manda" para dizer "vou mandar" são erros inadmissíveis em qualquer circunstância. Informal é dizer "vou mandar" e "nós vamos". Formal é dizer "mandarei" e "irei". Já a ausência de acentuação e sinais gráficos, vá lá, são toleráveis diante da correria da conversa, desde que a mensagem seja compreensível.

Um roteiro para escrever bem no WhatsApp sem parecer velho e atrasado:

Seja telegráfico: Mensagens instantâneas lembram os antigos telegramas, curtos e diretos. Seja objetivo. Escreva sim ou não. Dê o número pedido. Informe a data. Transmita o nome solicitado. Pergunte uma coisa de cada vez. Comunique, informe. Use poucas palavras. Dá para fazer isso sem comprometer a gramática. Assim:

> *Vou atrasar 5 min.*
> *Visitante chegou pela garagem principal.*

É feio, mas funciona, porque comunica. Para escrever bem de forma reduzida e direta, dispense palavras desnecessárias (advérbios de modo, adjetivos, pronomes) e abuse de verbos de ação. Eles dizem o que está acontecendo sem emitir opinião. Veja:

Assim, não: *Vou te mandar o desenho daqui a pouco.*
Assim, sim: *Mando o desenho daqui a pouco.*
Mais curto ainda: *mando o desenho em 10 min.*

Escreva na ordem direta: sujeito + predicado (verbos e demais complementos). Deste modo:

Assim, não: *A arrumação da mesa ficou por conta da Talude.*
Assim, sim: *A Talude arrumará a mesa.*
Ainda mais curto, assim: *Talude arrumará a mesa.*

Seja claro: vários recursos ajudam a escrever o que você gostaria de dizer em pouco tempo. O segredo é economizar palavras. Divida uma frase longa em duas curtas com a ajuda do ponto-final. Fica mais direto e evita erros gramaticais. Nos telegramas, em que as palavras aparecem em letras maiúsculas, os pontos-finais são representados por PT. Ao ler PT no papel, o leitor identifica a presença de uma interrupção no texto. No WhatsApp, use o ponto. Deste jeito:

Gerente chegou. Reunião em 5 min.

Como alternativa, para escapar do ponto, comece a segunda frase com letra maiúscula:

Gerente chegou Reunião em 5 min

A mensagem anterior deixa claro que se trata de duas orações com duas ideias diferentes e complementares.

O ponto de interrogação define a frase e esclarece as intenções. É sempre bem-vindo. Veja a diferença:

Reunião começou
Reunião começou?

Fulano faltou
Fulano faltou?

Ao trabalhar em grupo, especifique a quem se dirige a mensagem, apesar das fotinhos dos participantes. A clareza agradece. A vírgula é ótima companhia nesses casos. Use-as. Assim:

Paulo: *Marina, qtos chegaram?*
Marina: *98*

Marina é o destinatário e Paulo, o remetente. Sem os sinais gráficos, a frase fica incompreensível:

marina qtos chegaram

É preciso usar acentos nas palavras, letras maiúsculas, cedilha? Obrigatório, obrigatório, não é, principalmente na correria de um evento, mas a correção ortográfica e a pontuação contribuem para a clareza da mensagem. Letra maiúscula no início de nomes próprios (de pessoas, empresas, produtos, lugares) demonstra boa educação. Esse cuidado cai bem na comunicação profissional, embora possa ser dispensado em conversas pessoais.

Faça um favor a si mesmo e aprenda a usar o teclado do celular para acentuar palavras e incluir sinais gráficos. A providência facilita a digitação e contribui para a redação de mensagens corretas e claras. Alguns aparelhos tentam adivinhar o que queremos escrever oferecendo sugestões de palavras. Aproveite o recurso, chamado de preenchimento automático de texto, mas fique atento à escolha da palavra. Na pressa, podemos selecionar expressões indesejadas. A mensagem acaba confusa e sem sentido. Revise o texto antes de enviar e evite constrangimentos.

AS REDES SOCIAIS

Conheça as regras da sua empresa

Nem tudo é festa quando se trata do uso de redes sociais para fins pessoais no ambiente de trabalho. Muitas companhias restringem o acesso dos funcionários à rede Wi-Fi no ambiente de trabalho para evitar distrações. Desse modo, inibem o acesso às redes sociais, inclusive ao WhatsApp.

Pesquisa patrocinada pela empresa de tecnologia norte-americana Robert Half em 2009 mostrou que, dos 1400 CIOs (Chief of Information Officer) consultados, todos de companhias com mais de 100 trabalhadores, 54% proibiam o acesso às redes sociais. Outros 19% permitiam o acesso somente para uso profissional; 16% toleravam o uso para fins pessoais de forma limitada. Apenas 10% liberavam o uso de forma ampla.

Então, antes de usar as redes sociais no escritório para conversar com amigos e parentes, siga essas dicas:

- Conheça as regras de uso do Wi-Fi em sua empresa e obedeça-as.
- Se o acesso for permitido de forma limitada, tecle pouco e só em casos de urgência.
- Só use a conexão de internet do seu próprio celular em casos de emergência e seja breve.
- Nos locais onde a conexão é liberada, use o bom senso. Nunca gaste mais tempo teclando com amigos do que trabalhando.
- Seja cauteloso em seus posts, evitando publicar detalhes de sua vida pessoal. Nunca se sabe como as informações serão utilizadas contra você. E serão, acredite.
- Acima de tudo, nunca fale mal dos colegas e da empresa para a qual trabalha. Pensando bem, é bom não falar mal de ninguém.

MENSAGENS DE VOZ

Convenhamos, mandar mensagens de voz é bom para quem fala, que evita a redação, mas é péssimo para quem recebe. Nem sempre dá para ouvir o recado e anotar detalhes ao mesmo tempo. Então, faça um favor ao destinatário e seja objetivo no texto gravado. Só use mensagens de voz para celulares em caso de emergência. Afinal, se a pessoa do outro lado da linha deixou de atender a ligação na hora é porque estava: a) ocupado, ou b) indisponível para você.

Se, assim mesmo, você for deixar um texto gravado, siga estas regrinhas:

- Fale lentamente e com clareza. Comece dizendo o seu nome, sem cumprimentos:
Paulo, aqui é o Pedro Amaro, gerente do departamento de Finanças.
- Vá direto ao ponto:
Não conseguimos finalizar o relatório de desempenho financeiro hoje, como você queria.
- Apresente uma solução a ser enviada por e-mail:
Por isso, enviamos por e-mail um resumo dos principais dados para que você possa usar no power point. Obrigado.

No final, informe o seu número de telefone pau-sa-da-men-te. As mesmas regras valem para outros tipos de dispositivos de mensagem de áudio, como WhatsApp e Skype. Em qualquer caso, evite gravar o texto em locais públicos ou barulhentos para preservar a qualidade da gravação. Você sabe o que falou, mas o destinatário, não. Além disso, pega mal falar ao celular em público. A recomendação vale para o uso dos recursos de gravação de áudio no elevador, no ônibus e no metrô. Por favor, mensagens devem ser ouvidas e gravadas em particular.

SAIAS JUSTAS

Algumas situações exigem cuidado especial na hora de escrever. Um comunicado desagradável aos funcionários da empresa, uma resposta negativa ao cliente importante, um pedido de desculpas. Todo mundo enfrenta saias justas no dia a dia do escritório e dos negócios. Lidar com as palavras nesses momentos é uma arte. Algumas recomendações ajudam a encontrar a estrutura e o tom certos para sair dessas saias justas sem perder o bom humor, o emprego e o cliente – ou os três. Veja só:

1. **Apresente-se com convicção**

Ao enviar documentos como orçamentos, propostas de trabalho, projetos, relatórios etc., escreva sempre um breve e-mail de apresentação. Evite mandar e-mails contendo anexos sem explicação. Quem vai lê-los sem saber do que se trata? E o medo de vírus? E a falta de tempo? São fatores desestimulantes para o leitor. A recomendação é sempre explicar ao leitor o que ele vai encontrar nos anexos.

Quatro ou cinco parágrafos bastam para escrever um e-mail de apresentação correto e capaz de despertar o interesse do leitor para os seus argumentos e anexos. Para começar, informe quem você (ou sua empresa) é e o assunto principal da sua correspondência. Em e-mails pessoais, se você já conhece o destinatário, informe onde o conheceu e trocaram cartões de visita. Ponha-se no lugar de quem recebe o e-mail – ele nem imagina o que você quer dizer. Então, diga de forma resumida e direta.

Imaginemos que sua empresa queira apresentar um novo produto a eventuais clientes. O primeiro parágrafo do e-mail ou carta de apresentação seria assim:

> *Nossa empresa atua no segmento de tecnologia de informação há 10 anos e acaba de desenvolver um novo serviço de atendimento ao cliente via WhatsApp, mais rápido, mais eficiente e mais barato do que os tradicionais, por telefone. Nós o chamamos de CallApp.*

Em seguida, explique por que você está escrevendo ao leitor. Nesse momento, depois de ler o primeiro parágrafo, ele deve estar se perguntando: "Mas o que eu tenho a ver com isso"? Ajude-o. Responda a dúvida; esclareça a razão do envio da correspondência. Ainda usando o exemplo teórico anterior, o segundo parágrafo ficaria deste jeito:

> *Gostaríamos de apresentá-lo à sua companhia, oferecendo um período gratuito de testes para avaliação de gerentes e chefes de departamento.*

Pronto. O leitor agora já conhece o tema do seu e-mail e o seu objetivo ao enviá-lo. No terceiro parágrafo, com a atenção do destinatário capturada, ofereça mais informações. Acrescente detalhes ao primeiro parágrafo. Se for necessário, por se tratar de um assunto complexo, desdobre essas informações em dois parágrafos. O texto volta ao assunto principal de forma mais ampla e detalhada. Este também é o momento para explicar os documentos anexados. Eles provam as suas afirmações. Assim:

> *Nosso novo sistema de atendimento ao cliente é resultado de dois anos de pesquisas e representa uma inovação sem precedentes no setor. As principais vantagens sobre os concorrentes tradicionais, via telefone, são a economia de tempo de resposta ao cliente e a credibilidade, já que, por ser escrita, a comunicação evita erros e mal-entendidos.*
>
> *Em anexo, enviamos as planilhas com resultados dos testes de comparação com sistemas por telefone. Também fazem parte dos documentos anexados pesquisas de satisfação realizadas com empresas, funcionários e consumidores.*

Para finalizar, reforce a oferta do segundo parágrafo. Veja só:

Se houver interesse em testar o nosso novo sistema, por favor, entre em contato conosco. Enviaremos uma equipe de técnicos para fazer todo o trabalho de instalação e orientação de uso.

Muito obrigado.

Cordialmente,

XXXXXXX

O resultado é este:

Nossa empresa atua no segmento de tecnologia de informação há 10 anos e acaba de desenvolver um novo serviço de atendimento ao cliente via WhatsApp, mais rápido, mais eficiente e mais barato do que os tradicionais, por telefone. Nós o chamamos de CallApp.

Gostaríamos de apresentá-lo à sua companhia, oferecendo um período gratuito de testes para avaliação de gerentes e chefes de departamento.

O CallApp é resultado de dois anos de pesquisas e representa uma inovação sem precedentes no setor. As principais vantagens sobre os concorrentes tradicionais, via telefone, são a economia de tempo de resposta ao cliente e a credibilidade, já que, por ser escrita, a comunicação evita erros e mal-entendidos.

Em anexo, enviamos as planilhas com resultados dos testes de comparação com sistemas por telefone. Também fazem parte dos documentos anexados pesquisas de satisfação realizadas com empresas, funcionários e consumidores.

> *Se houver interesse em testar o nosso novo sistema, entre em contato conosco. Enviaremos uma equipe de técnicos para fazer todo o trabalho de instalação e orientação de uso.*
>
> *Muito obrigado.*
>
> *Cordialmente,*
> *XXXXXXX*

Claro, objetivo e direto, esse é um modelo para todas as horas de aperto. Quando se tratar de assunto mais complexo, cada uma das quatro partes pode ser desdobrada em outros parágrafos, respeitando a lógica da organização das ideias.

2. Informe as más notícias

Alguns documentos informam mudanças, apresentam diretrizes, anunciam regras de convivência na empresa. Costumam ser más notícias. Afinal, se fossem boas, a comunicação seria muito mais fácil e prazerosa. Então, a dúvida real é como dar más notícias sem parecer autoritário e ainda garantir que os funcionários/clientes/fornecedores as compreendam, aceitem e sigam. O segredo: explique as razões de sua decisão no início do texto.

Usemos como modelo um aviso de restrição do uso de redes sociais no ambiente de trabalho. Veja só uma sugestão de formato para esses casos:

> *Para: todos os funcionários*
> *De: RH*
>
> *Devido a vários incidentes causados pelo uso de celulares para acesso às redes sociais durante o trabalho, será necessário restringir a disponibilidade de sinal Wi-Fi na empresa. A partir do dia 23 de abril de 2015, o sinal está*

> *disponível apenas durante o horário de almoço, entre 12h e 14h, na cafeteria e nas áreas de convivência social.*
>
> *Obrigado pela compreensão.*
> *XXXXXX*

Curto e grosso. Mensagem clara, sem deixar espaço para questionamento ou dúvida. Incisivo sem ser mal educado.

3. Diga não com elegância

Dois segredinhos e um *não* no meio garantem uma resposta negativa sem traumas. O primeiro segredinho: comece a carta/e-mail com um elogio ou reconhecimento da relevância do pedido/solicitação/reclamação do remetente. Pode ser um cliente, um fornecedor, um colega e até mesmo o seu chefe. Todo mundo gosta de se sentir legitimado e respeitado. Então, para abrir a correspondência negativa, ofereça uma mensagem positiva. Diga sim, nós recebemos o seu pedido/reclamação/recomendação e sabemos o que você é importante. Deste jeito:

> *Prezado Carlos Tamandaré,*
> *Agradecemos o envio de proposta da Fast Food Tamandaré para fornecimento de alimentação e serviço de garçons em eventos corporativos. A Tamandaré é uma das empresas mais conceituados do mercado em seu setor e ficaríamos honrados em tê-la entre nossos fornecedores.*

Em seguida, apresente as razões para negar o pedido. Apresente explicações concretas e convincentes. Nunca critique o produto/serviço oferecido – o remetente pode se sentir como um estorvo para você. Ao contrário. Faça-o sentir-se como se você (ou a sua companhia) fosse o problema. Assim:

> *Entretanto, como todo o serviço de atendimento aos nossos eventos é realizado por nossa própria cozinha, estamos impossibilitados de recorrer aos seus serviços.*

Finalmente, ainda no tom de reconhecimento e agradecimento à proposta encaminhada, ofereça uma saída honrosa ao destinatário, um futuro, uma esperança, um respiro. Veja só:

> *Mesmo assim, gostaríamos de solicitar que nos mantenha informados sobre novos serviços e produtos da Tamandaré para futura avaliação.*
>
> *Cordialmente,*
> *XXXXXXXX*

O resultado é este:

> *Prezado Carlos Tamandaré,*
>
> *Agradecemos o envio de proposta da Fast Food Tamandaré para fornecimento de alimentação e serviço de garçons em eventos corporativos. A Tamandaré é uma das empresas mais conceituados do mercado em seu setor e ficaríamos honrados em tê-la entre nossos fornecedores.*
>
> *Entretanto, como todo o serviço de atendimento aos nossos eventos é realizado por nossa própria cozinha, estamos impossibilitados de recorrer aos seus serviços.*
>
> *Mesmo assim, gostaríamos de solicitar que nos mantenha informados sobre novos serviços e produtos da Tamandaré para futura avaliação.*
>
> *Cordialmente,*
> *XXXXXXXX*

Uma alternativa para concluir a resposta negativa é recomendar ao remetente que encaminhe ofertas de produtos/serviços a uma terceira pessoa ou empresa, onde seria mais apreciada ou teria mais chances de sucesso. Se possível, ofereça ajuda para intermediar esse contato. Mas só faça isso se a proposta for útil a essa terceira pessoa. Nada de empurrar o assunto com a barriga. Veja só:

> *Prezado Carlos Tamandaré,*
>
> *Agradecemos o envio de proposta da Fast Food Tamandaré para fornecimento de alimentação e serviço de garçons em eventos corporativos. A Tamandaré é uma das empresas mais conceituados do mercado em seu setor e ficaríamos honrados em tê-la entre nossos fornecedores.*
>
> *Entretanto, como todo o serviço de atendimento aos nossos eventos é realizado por nossa própria cozinha, estamos impossibilitados de recorrer aos seus serviços.*
>
> *Encaminharemos sua proposta, para avaliação, à nossa subsidiária em Cidade das Pedrinhas, onde se estuda a possibilidade de terceirização dos serviços de fornecimento de refeições.*
>
> *Cordialmente*
> *XXXXXXX*

Aqui vai outro modelo de resposta negativa bem-sucedida. Cabe em vários momentos. Nesse caso, o e-mail recusa convite para participar da apresentação de um novo produto. O segredo é mostrar-se decepcionado com a própria recusa.

Prezada Arlete,

Agradeço o convite para participar do lançamento do veículo 4X4 Estrada para a Lua. Infelizmente, não poderei participar. Entro em breve em licença de 4 meses para estudos no exterior.

Um abraço cordial,
XXXXXXXX

Note como o autor foi enfático na recusa, bloqueando qualquer possibilidade de contato no futuro – pelo menos, não antes de quatro meses. Texto de mestre.

4. Cobre com jeitinho

Cobrar uma conta/dívida/compromisso é um pouco constrangedor, porque ninguém gosta de posar de vilão. Mas há jeitinhos para se fazer isso sem ofender ninguém. O segredo do texto de cobrança está em "lembrar" o devedor de pagar a dívida. Cobrar? Jamais. Escreva assim:

Prezado sr. Fulano de Tal,

Nossos controles financeiros não registram o pagamento da terceira parcela dos serviços de conserto de dois vidros elétricos do veículo HH da marca II, no valor de R$ 300,00, vencida no dia 14 de outubro de 2014.
Se o senhor já realizou o pagamento, gostaríamos que nos enviasse a cópia do comprovante para atualização do sistema.
O envio da cópia do documento pode ser feito pelo correio, para o endereço abaixo, ou por cópia digitalizada para o e-mail bobababa@com.br.

> *Atenciosamente,*
> *XXXXXX*
> *Nome*
> *Empresa*
> *Endereço*
> *Telefone/fax/e-mail*

5. Reclame sem ofender

Quem já não se sentou furioso ao computador para enviar e-mail de reclamação? O texto desse tipo de queixa também deve seguir modelo específico – melhor do que espernear e ofender o destinatário com palavras pesadas e sem objetivo claro. Para começar essa batalha, explique o seu problema de forma sucinta, direta, sem choradeira ou xingamentos. Assim:

> *No dia 12 de janeiro, comprei o aspirador de pó Suga Suga modelo A33 na loja Da Esquina. Após cinco dias de uso, o aparelho começou a fazer muito barulho e parou de funcionar. Eu levei o aparelho à autorizada Da Curva, que constatou defeito na placa de sucção e se comprometeu a entrar em contado com a empresa para fazer a troca por um equipamento novo. Três meses se passaram e, segundo a autorizada Da Curva, a empresa ainda não enviou o aparelho novo.*

Finalize com um pedido claro das providências que, espera, sejam tomadas pela empresa. Se possível, anexe documentos comprovando a sua queixa e mencione-os na conclusão do texto. Deste modo:

Gostaria de pedir à empresa que realize a troca do aparelho por um novo, em perfeitas condições de funcionamento. Se não for possível, que autorize a substituição por outro, de mesma qualidade e especificação técnica, enviando-o à autorizada já mencionada o mais rápido possível.

Seguem em anexo cópias da nota fiscal de compra e o comprovante de recebimento do produto fornecido pela assistência técnica.

Atenciosamente,
XXXXXX
Nome
Endereço

Fica assim:

No dia 12 de janeiro, comprei o aspirador de pó Suga Suga modelo A33 na loja Da Esquina. Após cinco dias de uso, o aparelho começou a fazer muito barulho e parou de funcionar. Eu levei o aparelho à autorizada Da Curva, que constatou defeito na placa de sucção e se comprometeu a entrar em contado com a empresa para fazer a troca por um equipamento novo. Três meses se passaram e, segundo a autorizada Da Curva, a empresa ainda não enviou o aparelho novo.

Gostaria de pedir à empresa que realize a troca do aparelho por um novo, em perfeitas condições de funcionamento. Se não for possível, que autorize a substituição por outro, de mesma qualidade e especificação técnica, enviando-o à autorizada já mencionada o mais rápido possível.

Seguem em anexo cópias da nota fiscal de compra e o comprovante de recebimento do produto fornecido pela assistência técnica.

> *Atenciosamente,*
> *XXXXX*
> *Nome*
> *Endereço*

6. Desculpe-se com sinceridade

E se você estivesse do outro lado do e-mail, tendo recebido a reclamação anterior? Como responderia ao cliente? Se comprovada a sua responsabilidade no problema, reconheça o erro, desculpe-se e ofereça uma solução. Nem sempre nessa ordem. Comece sempre com uma mensagem positiva – se possível, com a solução para o problema. O primeiro parágrafo da resposta ficaria assim:

> *Prezada senhora,*
>
> *Em relação à sua carta de janeiro de 2015, gostaríamos de informar que enviamos à autorizada Da Curva o aspirador de pó Suga Suga Modelo 34 para substituição do aparelho comprado com defeito. A autorizada deverá se comunicar com a senhora em alguns dias para fazer a troca sem custos.*

Então, desculpe-se. Sempre em tom positivo.

> *Gostaríamos de pedir desculpas pelos transtornos causados e de informar que já adotamos medidas de controle de qualidade para evitar problemas semelhantes no futuro.*
>
> *Atenciosamente,*
> *XXXXXXXXXX*

Se a queixa do consumidor for infundada, seja igualmente educado, mas rejeite a reclamação de forma contundente. O modelo para esse tipo de resposta mistura a forma de dizer não com a de comunicação de más notícias. Ou seja: é preciso ser claro na negativa, mas oferecer razões concretas e convincentes para ela.

Recomenda-se começar com o reconhecimento de que, independentemente de quem seja o responsável pelo problema, o consumidor enfrentou dificuldades que devem ser levadas em conta. Esse cuidado mostra que a empresa se preocupa com o bem estar do consumidor. Desta maneira:

> *Prezada senhora Sicrana,*
>
> *Lamentamos saber dos problemas que a senhora teve com o aspirador de pó Suga Suga modelo A33, um dos mais populares da nossa linha de eletrodomésticos. Entendemos que três meses é um tempo longo para receber uma resposta às suas queixas, mas esse foi o tempo necessário para estudarmos a questão.*
>
> *Nossos testes mostraram que o aparelho queimou por ter sido conectado a uma tomada com voltagem maior do que a recomendada nas especificações técnicas. O aspirador de pó adquirido pela senhora é 127V, mas recebeu carga de 220V, o que comprometeu seu funcionamento. Por isso, como está registrado no contrato de garantia, a empresa está impossibilitada de fazer a troca por aparelho novo, de mesmo modelo ou de modelo diferente.*

Termine com uma palavrinha de solidariedade para com a consumidora:

> *Ciente dos transtornos causados por esse problema, gostaríamos de nos colocar à disposição para outros esclarecimentos e de oferecer orientações, se a senhora desejar, sobre especificação de voltagens nas tomadas*

de residências. Para isso, basta entrar em contato com nosso departamento técnico, pelo telefone mencionado abaixo.

Atenciosamente,
XXXXXXXX

PADRONIZADAS, MAS CONCRETAS

Grandes empresas recebem milhares de e-mails por mês, o que torna quase impossível a tarefa de responder a cada um de maneira personalizada. Para atender a essa enorme demanda, tem sido muito comum o uso de respostas automáticas e padronizadas. O consumidor que se comunica com a empresa por e-mail, em geral, está disposto a esperar algum tempo pela resposta. Nem por isso recomenda-se deixá-lo esperando demais. Alguns cuidados na redação das respostas padronizadas garantem uma relação mais amistosa com o consumidor:

1. Evite respostas vagas, como esta:
   Sua mensagem foi direcionada para o setor responsável e em breve retornaremos.
2. Prefira textos objetivos e concretos. Assim:
   Sua mensagem foi encaminhada para o setor responsável e será respondida em 5 dias.

Se não puder se comprometer com prazo curto, ofereça pelo menos alguma esperança concreta ao consumidor, para não deixá-lo à espera de uma resposta eternamente. E, por favor, cumpra a promessa no prazo.

3. Padronize sem generalizar. Crie mensagens-padrão para cada assunto ou palavra-chave mais frequente nas correspondências dos clientes. Para cada caso, um texto exclusivo. Essa providência oferece, pelo menos, algum nível de personalização ao texto.
4. Máquinas não produzem textos. Mantenha equipes de funcionários bem treinados em redação para personalizar repostas complexas ou destinadas a clientes especiais.

O esforço de melhorar o serviço de atendimento ao cliente por e-mail vale a pena, porque reduz mal-entendidos, evita discussões pessoais e custa menos do que o serviço por telefone.

RELATÓRIOS CORPORATIVOS

Nem só de e-mails e mensagens instantâneas vive o mundo corporativo. Há muitos outros documentos em circulação nas empresas, como memorandos, comunicados e, claro, os relatórios. Ah, os relatórios. São o terror nos escritórios, porque são longos e específicos. Escrevê-los assombra muitos profissionais e executivos, porque dão trabalho, tomam horas de negociação e escancaram dificuldades com a língua portuguesa.

Natural que, nessa hora (a hora de escrever), seja aquela choradeira:

- Eu não sei por onde começar.
- Me dá um branco na hora de escrever...
- Tenho dificuldade em saber o que é importante. Pra mim, tudo parece importante!
- Não consigo resumir textos longos.
- Qual a diferença entre conclusão e recomendação?
- Fico com vergonha de escrever errado e prefiro não escrever nada.
- Eu fico em dúvida sobre o tamanho do texto. É demais? É de menos?

E as mais populares desculpas para não escrever:

- Eu me expresso melhor falando.
- Eu não tenho tempo pra escrever.
- Pra quê? Alguém sempre vai mudar tudo.

Vivemos na era da comunicação escrita. Cumprir essa tarefa faz parte das obrigações do cargo, embora nem sempre de forma oficial. Dificuldades de redação são normais, principalmente para profissionais de áreas operacionais ou de formação técnica. O problema começa quando a tarefa de escrever torna-se sofrimento, sendo fonte de estresse e insegurança. Muita gente fica noites sem dormir por causa de um relatório. À medida que o prazo final para entrega "daquele" documento se aproxima, então, o nervosismo, a ansiedade e a insônia aumentam. Aí é que o trabalho atrasa mesmo.

Tanta angústia faz sentido para profissionais cujo emprego depende da escrita, como funcionários de empresas de consultoria. Eles vivem do ofício de escrever relatórios para clientes. Deles exige-se desempenho acima da média em redação. Nos demais setores do mundo do trabalho, onde o cenário é menos dramático, o sofrimento deveria ser menor. Entretanto, o que se vê é uma espécie de pavor generalizado nas empresas na hora de escrever – até mesmo entre aqueles que precisam redigir simples cartas. Escrever virou uma espécie de tortura para muitos profissionais.

É possível escrever um bom texto sem sofrimento. Algumas técnicas de redação e edição, aliadas a muita dedicação e treino, fazem a diferença. Pois escrever requer transpiração, não inspiração. Por transpiração entenda-se o esforço pessoal de se preparar para escrever, de seguir um modelo eficiente de redação, de revisar e reescrever o texto. Com treino, escrever será uma função a mais na rotina de trabalho, deixando de ser fonte de angústia. A tarefa de escrever ficará mais fácil e automática, podendo até, quem sabe, se transformar em fonte de realização pessoal e profissional.

Roteiro de redação

Algumas empresas têm modelos próprios de relatórios, memorandos e até de cartas. Assim, a primeira recomendação é que você se informe sobre a existência desses modelos na companhia onde trabalha e se familiarize com eles. Seus supervisores (ou alguém designado por eles) devem ser capazes de explicar a dinâmica do documento, o que deve ser respondido e como. Isso é comum nas empresas de consultorias, em que o produto final do trabalho é, em essência, um relatório. Nas demais empresas, o modelo de documentos varia conforme a área de atuação ou necessidades de cada setor.

Nem todos os departamentos querem resumos em letrinhas do balanço de vendas do mês. Números, gráficos e quadros bastam. Mas (tem sempre um mas...), mesmo nessas, recomenda-se o envio de um e-mail de introdução ao documento, com destaque para os principais resultados. Será necessário usar da escrita para esse trabalho. Outras exigem análises do desempenho econômico do departamento naquele mês, comparações com resultados passados e projeções, o que exige trabalho de redação mais elaborada. O que vai ser? Esteja preparado para as duas situações.

Um dos erros mais graves de quem precisa escrever no trabalho é escrever sem pensar. Ou pensar enquanto escreve. Raramente funciona. Se funciona, exige mais tempo de trabalho, um número maior de versões e muita irritação dos que estão acima e abaixo de você. A melhor dica para quem precisa escrever documentos longos no trabalho e se sente inseguro é: organize-se e planeje a redação. Assim:

a. **Acione o GPS**

Um relatório deve responder às demandas de sua audiência, ou seja, das pessoas que o encomendaram e o receberão. Não se trata de escrever o que você quer escrever ou o que você considera importante escrever. É o contrário disso. Trata-se de escrever o que os outros querem saber. Para descobrir tudo isso, pergunte aos interessados. Pergunte ao chefe, ao cliente, ao fornecedor, a quem, no final das contas, solicitou o documento, o que eles querem saber. Os interesses de sua audiência são o seu GPS na hora de escrever. Saber exatamente aonde quer chegar com o seu relatório é a alma do negócio.

Às vezes, a pergunta mais importante de quem encomendou o documento aparece de forma subliminar. Uma companhia que contrata uma consultora contábil para analisar as operações de uma das filiais pode estar atrás de eventuais desvios. Então, cá pra nós, a pergunta embutida no trabalho, mas nunca revelada em voz alta é: alguém roubou? Quem? Quanto? Como? Você terá de responder a essas dúvidas também de maneira subliminar – ou direta, se o desvio for comprovado. Já um relatório sobre a viabilidade econômica de um novo produto no mercado quer saber, no fundo, no fundo, uma coisa só: vai dar lucro? Quando? Quanto?

Essa iniciativa preliminar pode ser feita de maneira informal, por e-mail ou outros meios eletrônicos de comunicação. Nessa correspondência, você esclarece os objetivos e os temas do trabalho, reduzindo o número de versões necessárias para se chegar a um texto consensual. Nada mais ineficaz, irritante e desestimulante do que escrever um relatório que será submetido a um incontável número de revisões, porque alguém na cadeia de comando quer mudar, acrescentar ou retirar alguma coisa. É muito mais prático perguntar, estabelecer parâmetros e definir objetivos *antes* de começar o trabalho de redação. O resultado dessa ação preliminar será um texto com mais chances de atender as demandas de todos os envolvidos.

O VALOR DO CONTEÚDO

Outro aspecto a ser considerado na redação de um relatório é a qualidade do conteúdo. Um texto só fica claro, objetivo e sucinto se contiver informações igualmente claras, objetivas e sucintas. Por isso, o levantamento de dados e informações preliminares para a confecção dos documentos deve ser meticuloso e cuidadoso, semelhante ao dos repórteres, de apuração e verificação de fatos e acontecimentos. Checar a origem das informações, a seriedade das fontes, a veracidade dos dados, tudo isso faz parte desse esforço prévio. Às vezes, requer a busca e análise de documentos internos e até entrevistas com colegas de áreas afins.

Os dados e informações precisam ser confiáveis e oficiais, pois servirão de parâmetro para as conclusões e recomendações. Mais do que isso: é importante aceitá-los com frieza, sem julgamentos, para evitar a tentação de ajustar uma coisinha aqui, outra acolá e, assim, construir versões para justificar conclusões e recomendações. São as informações, dados e fatos que levam às conclusões e recomendações apresentadas no documento – não o contrário.

Sem esse conteúdo, frio e baseado em fatos, nenhum relatório ficará bem escrito, porque será vago e pouco objetivo. Na melhor das hipóteses, ficará parecendo pastel de vento. Na pior, pode conduzir a companhia e seus clientes a decisões equivocadas. Um bom relatório reúne conteúdo sério e redação eficiente.

b. **Organize os dados**

Escreva (à mão, se preferir, no computador ou nas notas do tablet), em forma de lista, com *bullets*, os tópicos mais importantes das informações levantadas. Faça isso em frases curtas, com poucas palavras. Tente ser o mais conciso possível. Para facilitar o trabalho nessa fase, tome emprestadas as perguntas que norteiam o trabalho dos jornalistas e responda-as. As perguntas são: O quê? Quem? Como? Quando? Onde? Por quê? Eu acrescentaria outra, fundamental nas empresas: Quanto? Responda uma por uma, de forma objetiva. Veja:

O quê? – Diz respeito ao objetivo do estudo. Defina em uma frase qual é o tema central do relatório.
Quem? – Pode ser uma pessoa, um departamento, um produto, um sistema digital, um procedimento. A pergunta quer saber quem são os envolvidos na questão.
Como? – em que circunstâncias determinado problema aconteceu? Como surgiu a ideia de desenvolver aquele projeto na companhia? Nessa pergunta, é importante contextualizar o tema do relatório, identificando as circunstâncias que o motivaram.
Quando? – É uma espécie de linha do tempo. O relatório deve dizer quando a ideia/problema/projeto começou e quando se espera que termine ou seja implantado.
Onde? – Essa é autoexplicativa. A questão determina um universo geográfico (uma planta da companhia, por exemplo). Mas pode indicar também um grupo de pessoas de um departamento específico.
Por quê? – Essa é óbvia. Apresente as razões pelas quais o relatório foi pedido. Alguma coisa motivou a solicitação do documento? Os custos de uma determinada área subiram? Os resultados caíram? Trata-se de uma inovação? De aperfeiçoamento, de mudanças de rumos? Enfim, responda por que alguém está pedindo esse estudo agora.
Quanto? – Bem, todas as ideias precisam levar em conta impactos financeiros no resultado da companhia ou do cliente.

Outro desafio nessa fase do trabalho é identificar as conclusões e as recomendações diante dos dados e informações do relatório. Há muita confusão conceitual entre uma coisa e outra. Conclusão apresenta os resultados do trabalho de apuração de um tema. Recomendações são sugestões de ações a serem tomada diante das conclusões. Digamos que alguém foi encarregado de preparar um relatório sobre a implantação de um programa para avaliação do desempenho dos funcionários. A conclusão do relatório deve dizer se a implantação é viável e por quê. Já as recomendações devem informar como implantar o programa. Se o programa for considerado inviável, as recomendações devem trazer alternativas para substituí-lo ou medidas para torná-lo viável.

c. Defina o modelo de redação

Em muitos lugares, ainda se adota o modelo acadêmico para redação de relatórios corporativos, seja por hábito, por falta de alternativa ou pela influência da universidade sobre os executivos. Nesse modelo, formal e clássico, relatórios começam com uma introdução geral na qual é apresentado o escopo do estudo. Em seguida, há uma descrição cronológica do caso. No final, aparecem as conclusões. Começo, meio e fim, nessa ordem. Com algumas alterações específicas, o modelo é assim:

I – Introdução
II – Histórico
III – Discussão
IV – Conclusões e recomendações

Manuais de redação corporativa mais recentes, entretanto, invertem essa lógica. Eles propõem começar pela conclusão, apresentando logo de cara os resultados do estudo. Surpreso? O novo modelo adapta-se ao ritmo dos negócios e da leitura digital. Quer ver? Pergunta: qual é a primeira coisa que vê lê ao receber um relatório, seja digitalmente ou em papel? Aposto que são as conclusões, alojadas lá no final do documento. Se é assim, seria mais lógico e prático apresentá-las na frente, poupando o leitor de atravessar todo o texto para chegar ao que interessa. Trata-se de modelo adaptado daquele utilizado nas reportagens dos jornais, que começam pelo mais importante da história, o *lide*. A pirâmide invertida nos relatórios corporativos fica assim:

I – Conclusões
II – Recomendações
III – Histórico
IV – Discussões

Cada um desses itens pode ser dividido em subitens, dependendo da complexidade e da extensão do documento. Velhos hábitos, inclusive os de redação, são difíceis de mudar. Portanto, antes de adotar esse esqueleto, consulte os seus pares e quem encomendou o documento sobre a mudança. Diga que vai experimentar escrever um modelo mais moderno, direto e eficiente e observe a reação de sua audiência à primeira versão do documento. Você pode se surpreender e surpreender outros.

O que faz enorme diferença entre um modelo e outro é a definição do título. Se o autor for capaz de resumir o escopo do documento em apenas uma linha, a apresentação das conclusões e recomendações serão complemento da leitura. Se for impossível, por se tratar de tema complexo, pode-se acrescentar o tópico "contexto" ou "escopo". Nesse, será possível explicar de forma resumida o objetivo do trabalho. Deste jeito:

TÍTULO:
I – Escopo
II – Conclusões
III – Recomendações
IV – Histórico
V – Discussões

Escreva

Com o GPS na mão, dê um tempo a si mesmo. Respire. Descanse. Ao sentar para redigir, tome uma decisão: por onde começar?

Uma sugestão: comece escrevendo a parte mais difícil e importante do relatório, que são as conclusões e recomendações. Só depois redija os outros tópicos. Por hábito, a maior parte dos redatores começa pelo começo, que, no modelo tradicional, inclui a introdução e o histórico. Contrarie esse hábito. Assim, quando o cansaço bater – e ele vai bater – o trabalho mais pesado de redação já estará feito. No modelo invertido, o começo já é a parte mais importante do documento. Feito isso, siga o roteiro até o final sem pestanejar.

Algumas recomendações para enfrentar a tela branca do computador:

- Padronize as estatísticas. Se optar por fazer arredondamento matemático dos números, certifique-se de que todos os dados do documento seguem o mesmo padrão. Nunca escreva 5,8% e 6% como se fossem substitutos um do outro. Eles podem significar a mesma coisa do ponto de vista estatístico, mas confundem o leitor. É uma coisa ou outra. Ou o número aparece arredondado ou exato. Escolha uma forma, case-se com ela e vivam juntos e felizes para sempre.
- Padronize nomes de pessoas, empresas e produtos: a fictícia empresa Córrego Manso de Abreu e Campos deve ser tratada como Córrego Manso do começo ao fim no texto. Nada de intercalar com Abreu e Campos só para evitar repetição. Também nesse caso é uma coisa ou outra. Ou Córrego Manso ou Abreu e Campos. Se quiser variar, salpique o texto com "a empresa" ou "a companhia". São substitutos do nome escolhido.
- Se o relatório incluir gráficos e quadros, dobre a atenção. Ilustrações e texto falam (ou deveriam falar) a mesma língua. Por isso, os dados escritos repetem as informações contidas nos gráficos e pizzas. Só faça referência a um dado se ele estiver visível e compreensível nas ilustrações. Sem isso, o leitor fica sem saber de onde você tirou aquela informação.

BUSQUE A COERÊNCIA

O linguista e filósofo norte-americano Noam Chomsky costuma dizer que textos precisam ter duas qualidades fundamentais, inteligibilidade e gramaticalidade. Podemos, então, concluir que existem textos incompreensíveis, mesmo sendo gramaticalmente corretos. Como esta frase usada por Chomsky para demonstrar a tese:

Incolores ideias verdes dormem furiosamente.

A frase está certa do ponto de vista gramatical. O verbo dormir aparece reflexionado no plural (*dormem*) para se relacionar com o sujeito *incolores ideias verdes*. O advérbio de modo *furiosamente* aloja-se no final da frase, como manda o figurino. Qual é o problema, então? O problema é a falta de sentido da frase – a falta de inteligibilidade, nas palavras de Chomsky. Se *ideias* são *verdes*, como está escrito, elas não podem ser ao mesmo tempo *incolores*. Se *dormem*, não podem dormir *furiosamente*, porque dormir é considerada uma atividade pacífica. Como se vê, com tão poucas palavras, a frase está repleta de contradições – de incoerências. As palavras formam uma frase incompreensível. Falta-lhe coerência. No livro *Coerência textual*, os professores Ingedore Villaça Koch e Luiz Carlos Travaglia ensinam que "a coerência está diretamente ligada à possibilidade de estabelecer um sentido para o texto, ou seja, ela é o que faz com que o texto faça sentido para os usuários [...]". Já os professores Platão e Fiorin, em *Para entender o texto: leitura e redação*, afirmam que "um texto coerente é um conjunto harmônico, em que todas as partes se encaixam de maneira complementar de modo que não haja nada destoante, nada ilógico, nada contraditório, nada desconexo".

Um relatório corporativo, como qualquer texto, precisa entregar essa coerência, esse sentido de nexo e lógica a que se referem os teóricos. Sem essa qualidade, torna-se incompreensível. Como garantir coerência num relatório corporativo? Oferecendo ao leitor uma mesma linha de pensamento do começo ao fim. As conclusões devem estar alinhadas com os objetivos do documento, assim como as recomendações devem apontar na direção das conclusões. Ao concluir, por exemplo, que a troca de um fornecedor por outro é vantajosa para a empresa, as recomendações devem corroborar essa tese – devem conter sugestões para viabilizar essa troca. Isso é coerência. Incoerente seria concluir que a troca é boa, mas recomendar a manutenção do fornecedor atual.

Revise

Conferir o trabalho depois de escrito é tão importante quanto escrever. Nunca confie cegamente na informação de terceiros – nem na sua própria redação. Afinal, você também pode errar, trocar nomes de pessoas ou embaralhar números ao passar informações para o texto final. A recomendação é que você confira todos os dados e informações incluídos no relatório e corrija eventuais erros – seus e dos outros. Tenha em mente que a responsabilidade final sobre o documento é de quem escreve.

Se perceber erros e/ou incongruências em dados e informações enviados por colegas de trabalho, fale com quem os enviou e peça uma reavaliação. Não encampe informação errada por se constranger ao apontar a falha de um amigo. Esse comportamento pode ser prejudicial à sua carreira e à do seu amigo. Se você ignorar o erro e assumi-lo, alguém acima de você pode ter outra reação. Aí, pouco adianta dizer "mas foi Fulano que passou a informação!". Você é responsável pela informação que transmite.

Outro aspecto importante a ser revisado são nomes, cálculos e estatísticas. Seja criterioso ao revisá-los. Assim:

- Certifique-se de que nomes de pessoas e lugares estejam corretos. Se estiverem repetidos ao longo do documento, garanta que sejam grafados da mesma maneira.
- Use a calculadora e refaça os cálculos matemáticos, garantindo que estatísticas e dados numéricos estejam corretos. O total de horas trabalhadas, se o dado constar do documento, corresponde à discriminação desse dado por mês? As contas devem bater umas com as outras. Uma coluna de dados parcial deve respaldar os dados totais.
- Dê atenção especial às porcentagens. 10% de 300 é mesmo 30? Duvide sempre e calcule novamente, mesmo as contas aparentemente óbvias. Verifique se há erro de cálculo, de transferência de dados de uma planilha para o texto ou de simples digitação.

Como editar

> *"Devemos falar como nos testamentos: quanto menos palavras, menos questões."*
> Baltasar Gracián

PARA SER CONCISO

Concisão é a arte de dizer mais com menos palavras. Os textos ficam mais curtos e objetivos. Na era digital, manter a concisão faz a diferença entre escrever uma mensagem eficiente e vê-la mofando numa caixa de correio eletrônico. Algumas técnicas ajudam a deixar o texto mais conciso, curto e direto mantendo a elegância e a correção gramatical. Estas:

a. **Prefira a forma direta de redação:** a maneira mais curta e simples de escrever uma frase segue o modelo clássico sujeito + verbo + complementos. Nele, o sujeito funciona como uma espécie de locomotiva, puxando atrás de si o verbo e todos os demais elementos da oração. Ele manda e desmanda na frase. Aonde o sujeito vai, todo mundo vai atrás. Assim:

O diretor entregará o relatório de sustentabilidade antes do prazo.
Sujeito: o diretor
Verbo: entregará
Complementos: o relatório de sustentabilidade antes do prazo

As obras atrasaram a distribuição dos produtos.
Sujeito: as obras
Verbo: atrasaram
Complementos: a distribuição dos produtos

João e Maria viajaram para Fortaleza.
Sujeito: João e Maria
Verbo: viajaram
Complemento: para Fortaleza

Eu estarei em férias a partir de domingo.
Sujeito: eu
Verbo: estarei
Complementos: em férias a partir de domingo

LEMBRANDO A GRAMÁTICA: sujeito é a pessoa (ou pessoas, coisas, acontecimentos) que realiza a ação descrita pelo verbo. Para descobrir qual é o sujeito e colocá-lo no início da frase, responda a seguinte pergunta: quem (ou o que) realizou determinada ação? No primeiro caso, a pergunta seria: "quem entregará o relatório antes do prazo?". Resposta: o diretor. *O diretor* é o sujeito da frase, a locomotiva. O verbo é *entregará* e o resto, complementos dessa ideia. No segundo, a pergunta é "o que atrapalhou a distribuição dos produtos?". Resposta: as obras. No terceiro, "quem viajou para Fortaleza?", foram João e Maria – sujeitos da oração. E, finalmente, "quem estará em férias?". *Eu*, sujeito.

A estrutura de escrita direta reproduz o modo natural da fala. Ao mesmo tempo, contribui para dar clareza ao texto, porque explica quem é quem e o que está acontecendo. O uso de frases invertidas – aquelas em que o sujeito está no meio ou no final da oração – não é proibido. A língua portuguesa permite inversões na ordem dos termos da frase. Muitos executivos, em especial aqueles com educação formal e clássica, acreditam que esse tipo de redação demonstra conhecimento e erudição. Na cultura digital, é preferível a ordem direta.

b. **Fuja da voz passiva:** consequência da orientação anterior. Nessa estrutura, a ordem direta das palavras na frase, recomendada acima, é substituída pela voz passiva. Um exemplo é a frase que você acabou de ler. Outros:

> *A entrega dos produtos foi prejudicada pelas obras contra as chuvas.*
> Sujeito: a entrega dos produtos

> *O relatório de sustentabilidade foi entregue pelo autor antes do prazo.*
> Sujeito: o relatório de sustentabilidade

> *A viagem para Fortaleza foi feita por João e Maria.*
> Sujeito: a viagem para Fortaleza

LEMBRANDO A GRAMÁTICA: voz passiva é a estrutura verbal em que o sujeito da oração sofre a ação do verbo. No primeiro exemplo, o sujeito *a entrega dos produtos* sofre a ação de ter sido prejudicado pelas obras contra as chuvas. Quem realiza a ação de *prejudicar* são *as obras contra as chuvas*, mas elas não são sujeito da oração. Elas são o agente da passiva. A estrutura lógica da frase aparece invertida e está correta – só é mais confusa.

Então, se quiser ser conciso, escreva frases na ordem direta.

c. **Seja positivo**. Acredite no poder da neurolinguística. Em vez de

> *O fornecedor não acredita que o prazo de entrega seja cumprido.*

prefira

> *O fornecedor duvida que o prazo de entrega seja cumprido.*

É mais curto e direto. E mais elegante.

Outras formas de escapar da negatividade:

- Não acreditar = duvidar
- Não lembrar = esquecer
- Não saber = ignorar
- Não deixar = proibir
- Não dar = negar
- Não concordar = discordar
- Não ir = faltar, ausentar-se
- Não ser capaz = incapaz

d. **Troque locuções** (encontro de várias palavras numa única expressão com sentido próprio) por apenas uma palavra. Desta maneira:

> O CEO *fez um discurso* na inauguração do auditório
> O CEO *discursou* na inauguração do auditório

Mais alterações semelhantes? Veja só:

- Apresentar uma ideia = propor
- Buscar uma solução = solucionar
- Contar o segredo = revelar
- Falar alto = gritar
- Fazer a estátua = esculpir

- Fazer o controle = controlar
- Fazer um buraco = cavar
- Pedir demissão = demitir-se
- Pôr as ideias em ordem = ordenar as ideias
- Pôr os documentos no armário = arquivar
- Pôr as caixas no armário = guardar
- Preparar uma redação = redigir

Há outras muitas locuções no corredor da morte. Estas:

- Adulto que não sabe ler = analfabeto
- Homem que planta café = cafeicultor
- Material de guerra = material bélico
- Pessoa que não come carne = vegetariana
- Pessoa sem discrição = pessoa indiscreta

e. **Elimine redundâncias**, expressões que jogam no time de "subiu pra cima" e "desceu pra baixo". Como esta:

> *O motorista compareceu pessoalmente à sala do supervisor.*

Como? Compareceu pessoalmente? Alguém comparece sem ser pessoalmente? Nesse caso, compareceu basta, porque só se comparece pessoalmente. Melhor deste jeito:

> *O motorista compareceu à sala do supervisor.*

Outras redundâncias:

- Criar novo projeto = criar projeto
- Empréstimo temporário = empréstimo
- Encarar de frente = encarar
- Encerrar definitivamente = encerrar

- Exultar de alegria = exultar
- Monopólio exclusivo = monopólio
- Multidão de pessoas = multidão
- Outra alternativa = alternativa
- Panorama geral = panorama
- Pequenos detalhes = detalhes
- Planos para o futuro = planos
- Surpresa inesperada = surpresa
- Terminantemente proibido = proibido
- Vereador da cidade = vereador

f. **Restrinja advérbios de modo terminados em *mente*.** A frase passa muito bem sem eles, obrigada. Veja só:

> *A carga deve chegar, provavelmente, na quinta-feira.*
> *A carga deve chegar na quinta-feira.*
>
> *Os clientes detestam, principalmente, ter de esperar.*
> *Os clientes detestam esperar.*
>
> *Atualmente todo mundo paga com cartão de crédito.*
> *Todo mundo paga com cartão de crédito.*
>
> *A ordem foi cumprida exatamente como o chefe queria.*
> *A ordem foi cumprida como o chefe queria.*
>
> *A reclamação era completamente inoportuna.*
> *A reclamação era inoportuna.*

g. **Fuja dos pronomes** (um, uma, uns, umas, seu, sua, seus, suas). Acredite. Dá certo:

> *Com seu computador à frente, a candidata apresentou uma série de produtos.*
> *Com o computador à frente, a candidata apresentou série de produtos.*

Vamos responder aos seus e-mails o mais rápido possível.
Vamos responder aos e-mails o mais rápido possível.

Os resultados demonstraram os acertos de sua equipe de vendas.
Os resultados demonstraram os acertos da equipe de vendas.

h. **Limite o uso de adjetivos**. É preferível mencionar apenas fatos. Deste modo:

O documento contém importante recomendação para evitar acidentes.
O documento contém recomendação para evitar acidentes.

Teremos uma reunião séria sobre a mudança na regra de aposentadoria.
Teremos uma reunião sobre a mudança na regra de aposentadoria.

A seleção de projetos foi justa e baseada em critérios rígidos matemáticos de avaliação.
A seleção de projetos baseou-se em critérios matemáticos de avaliação.

LEMBRANDO A GRAMÁTICA: adjetivos são palavras ou expressões que qualificam o substantivo (pessoas, coisas, nomes, lugares), dando-lhes caras, cores, formatos. Bem empregados, particularizam o substantivo. Alguns são vilões. De tão vagos, apenas expressam opinião, sem acrescentar informação ao texto. Fuja deles. Veja a diferença:

Bonitas flores enfeitavam a mesa do chefe.
Alunos estudiosos ganham estágio remunerado.

No primeiro caso, as flores bonitas podem ser rosas, cravos, tulipas... vermelhas?, brancas? Quem sabe quais enfeitavam a mesa do chefe? A frase deixa a pergunta sem resposta. Ela informa uma opinião, sem descrever as flores. Já "os alunos que ganham estágio remunerado" pertencem a um grupo específico, o dos estudiosos. Nesse caso, o adjetivo *estudiosos* torna o substantivo *alunos* específico e restrito – só os estudiosos ganham estágio remunerado. Moral da história: adjetivos podem ser instrumentos úteis para aperfeiçoar os textos desde que tenham algo a dizer.

Mais adjetivos vagos:

Perdi um emprego maravilhoso.
O gerente era uma pessoa fantástica.

Para torná-los mais concretos e úteis:

Perdi um emprego bem remunerado.
O gerente era uma pessoa gentil.

i. **Dê um fim aos quês.** É possível:

As recepcionistas que trabalham na entrada do prédio devem usar crachá.
As recepcionistas da entrada do prédio devem usar crachá.

O gerente financeiro, que é o responsável pelo controle dos gastos, demitiu-se.
O gerente financeiro, responsável pelo controle dos gastos, demitiu-se.

A lei exige que a empresa seja fiscalizada todos os anos.
A lei exige a fiscalização da empresa todos os anos.

Depois que tiver terminado o orçamento, escreva o relatório.
Terminado o orçamento, escreva o relatório.

PARA FALAR CLARO

Clareza é a qualidade de quem detesta se justificar com esta desculpa: "Mas não foi bem isso o que eu quis dizer". Ora, se não foi isso o que você quis dizer, diga com clareza o que você gostaria de dizer. Algumas técnicas ajudam nessa hora:

a. **Use pontos-finais para colocar uma ideia em cada oração**. Eles evitam confusão e mal-entendidos, além de contribuírem para a concisão. Uma frase longa equivale a duas curtas. Vamos editar o texto. Assim:

> Versão original:
>
> "As empresas passaram a valorizar e a investir na gestão de pessoas de tal forma que, mais do que selecionar, contratar e cuidar de benefícios e da folha, o profissional da área agora contribui para o desenvolvimento do negócio.
>
> Versão editada:
>
> "As empresas passaram a valorizar e a investir na gestão de pessoas. Mais do que selecionar, contratar e cuidar de benefícios e da folha, o profissional da área agora contribui para o desenvolvimento do negócio.

b. **Escolha palavras específicas**. Elas têm vida. Carregam diferentes níveis de informação. Umas são fortes, estridentes. Outras, suaves, delicadas, profundas. Palavras falam:

> *Escreva o relatório,* pediu *o chefe.*
> *Escreva o relatório,* ordenou *o chefe.*
> *Escreva o relatório,* gritou *o chefe.*
> *Escreva o relatório,* recomendou *o chefe.*

Ou

Vamos atender *a reclamação do cliente.*
Vamos avaliar *a reclamação do cliente.*
Vamos ignorar *a reclamação do cliente.*

Há muitas maneiras de ver:

- Avistar
- Contemplar
- Espiar
- Notar
- Observar
- Olhar
- Testemunhar
- Vislumbrar

E outras tantas de dizer:

- Afirmar
- Balbuciar
- Confessar
- Contar
- Esbravejar
- Expressar-se
- Falar
- Gritar
- Maldizer
- Murmurar
- Revelar
- Sussurrar

Ouça as palavras e escolha as que dizem o que você gostaria de dizer.

c. **Ponha a vírgula no lugar**. Na era da informação virtual, vírgulas são tratadas como estorvo. Ninguém parece saber muito bem o que fazer com elas. Então, muita gente resolveu dar chá de sumiço para elas. É uma pena, porque vírgulas são muito úteis para garantir a inteligibilidade do texto e organizar as ideias. Colocadas no lugar certo, transmitem a mensagem que o autor quer. Quer ver? Conta-se a história de um czar russo que teria mandado a seguinte mensagem aos guardas de um prisioneiro:

> *Perdão impossível, enviar para a Sibéria.*

No meio do caminho, o mensageiro foi interceptado e outro tomou seu lugar com a mensagem adulterada:

> *Perdão, impossível enviar para a Sibéria.*

O prisioneiro acabou libertado.
Quer escrever o que gostaria de dizer? Use vírgulas com moderação e correção.

LEMBRANDO A GRAMÁTICA: Se você usar a forma direta de redação (sujeito + verbo + complementos), formato que repete a naturalidade da fala, vírgulas são desnecessárias. Quer dizer, com tudo no lugar, quem precisa delas? Veja só:

> *Jovens executivos* (sujeito) *treinavam* (verbo) *técnicas de liderança corporativa* (objeto direto) *na Floresta Amazônica* (advérbio de lugar).

- As vírgulas entram em ação quando há uma alteração nessa ordem, um deslocamento dos termos na frase. Assim:

> *Na Floresta Amazônica, jovens executivos treinavam técnicas de liderança corporativa.*

Ou assim:

> *Jovens executivos treinavam, na Floresta Amazônica, técnicas de liderança corporativa.*

- A mesma regra vale para a maior parte das frases com duas orações:

> *O gerente escrevia o relatório enquanto comia um sanduíche frio.*

A oração principal aparece na frente na ordem direta:

> *O gerente escrevia o relatório.*

A inversão na ordem das frases na oração exige a presença da vírgula para garantir a clareza:

> *Enquanto comia um sanduíche frio, o gerente escrevia o relatório.*

Outro exemplo:

> *Jovens executivos buscam equilíbrio, que seja aceito pelas empresas, entre vida pessoal e carreira.*

Ordem direta:

> *Jovens executivos buscam equilíbrio entre vida pessoal e carreira que seja aceito pelas empresas.*

- Outra função das vírgulas é isolar algumas conjunções (porém, contudo, entretanto, por conseguinte etc.)

> *A avaliação do funcionário, contudo, foi positiva.*
>
> *Contudo, a avaliação do funcionário foi positiva.*

A lista de convidados era enorme, logo, a festa começou atrasada.

O evento, todavia, foi um sucesso.

Todavia, o evento foi um sucesso.

Surpresa: quando a conjunção estiver no início da frase e for curta, a vírgula pode ser dispensada. Assim:

Contudo a avaliação do funcionário foi positiva.
Todavia o evento foi um sucesso.

Outra surpresa: no final de e-mails, "cordialmente" (atenciosamente ou grato, por exemplo) pode aparecer seguido ou não de vírgula. Tanto faz. Veja só:

Cordialmente,
Arlete Salvador

Atenciosamente
Arlete Salvador

- Vírgulas isolam também algumas expressões explicativas e retificativas:

    A expectativa do mercado, ou melhor, dos agentes financeiros é de um ano difícil para a economia.

    Os consumidores querem, por exemplo, produtos personalizados.

    Colocamos no mercado material inovador, a saber, tecidos impermeáveis.

- Regra semelhante se aplica a expressões e orações adjetivas e explicativas:

As ferramentas virtuais de comunicação, popularizadas pelo uso dos computadores, modificaram a forma de trabalho nas grandes empresas.

O escritório de Fortaleza, onde se concentram as vendas de ar-condicionado, receberá a maior parcela dos investimentos.

No primeiro exemplo, a expressão entre vírgulas adjetiva (qualifica, acrescenta uma qualidade) à primeira informação ("as ferramentas virtuais de comunicação"). No segundo, a frase entre vírgulas explica a expressão "o escritório de Fortaleza".

- Vírgulas servem ainda para marcar a omissão de termos na frase, recurso que os gramáticos chamam de elipse:

    Os fornecedores querem uma coisa e os consumidores, outra.

    Compramos equipamentos novos de segurança enquanto nossos concorrentes, velhos.

Nos dois casos, a vírgula marca a supressão de vários termos para evitar repetição e dar clareza ao texto. Sem ela, seria preciso escrever:

Os fornecedores querem uma coisa e os consumidores querem outra.

Compramos equipamentos novos de segurança enquanto nossos concorrentes compraram equipamentos velhos de segurança.

- Um dos usos mais frequentes e incompreendidos da vírgula é o de isolar apostos. Ah, os apostos. O gramático Domingos Paschoal Cegalla define aposto como sendo "uma palavra ou expressão que explica ou esclarece, desenvolve ou resume outro termo da oração". Apostos sempre aparecem entre vírgulas. Assim:

> *O CEO da Apple, Tim Cook, conquistou o respeito dos funcionários.*

Tim Cook, no caso, esclarece quem é o CEO da Apple. Tim Cook, portanto, é aposto da expressão "o CEO da Apple".

Mas... e se a frase aparecer deste jeito:

> *O ex-presidente mundial da General Eletric Jack Welch é um dos mais conhecidos líderes corporativos desta década.*

Sem vírgulas? Isso mesmo. Jack Welch não é aposto de "O ex-presidente mundial da General Eletric". O nome do executivo funciona como um termo restritivo, já que há vários ex-presidentes da companhia. Tim Cook, ao contrário, é o único presidente da Apple.

Outros casos:

> *O ministro da Fazenda, Joaquim Levy, foi a personalidade mais importante do encontro de investidores em Nova York.*

> *O ex-ministro da Fazenda Guido Mantega integrou a mesa de convidados.*

- E os vocativos? Vírgula neles! Vocativos aparecem quando chamamos ou nos dirigimos a alguém de forma direta. Deste jeito:

> *Pedro, onde está o relatório deste ano?*

> *Marília, use o capacete para vistoriar obras.*

> *Lucro, esse incompreendido!*

Estão presentes em quase todos os e-mails. Por isso, devem ser isolados por vírgula. É o que manda a lei. Assim:

> *Prezado diretor de Recursos Humanos,*
>
> *Amigo,*
>
> *Mário,*
>
> *Cara professora Maria Clara,*

PARA ACERTAR A GRAMÁTICA

Auferir ou aferir?

São palavras com sentidos diferentes. *Auferir* significa obter resultados, lucrar, receber enquanto *aferir* significa avaliar, calcular. Assim:

> *As promoções do Carnaval auferiram lucro maior do que as do Natal.*
>
> *A sua função é aferir se o dinheiro do caixa corresponde aos pagamentos registrados.*

Afim ou a fim?

Varia. As duas formas existem para situações distintas. *Afim* implica similaridade. *A fim* é a disposição de fazer alguma coisa, objetivo. Deste jeito:

> *As propostas afins devem ser reunidas num projeto único.*
>
> *O presidente pediu empenho dos funcionários a fim de cortar gastos.*

A par ou ao par?

A expressão *a par* quer dizer estar inteirado, informado sobre uma determinação situação. *Ao par* significa estar no mesmo nível de outra pessoa ou de determinados parâmetros. Veja:

> *Os clientes estão a par dos problemas causados pelas chuvas.*
>
> *A qualidade dos nossos produtos está ao par dos importados.*

Ao nível de ou em nível de?

Esta é uma das dúvidas mais comuns no mundo corporativo. As duas expressões existem, mas têm usos diferentes. *Ao nível de* significa estar à mesma altura física, geográfica. *Em nível* indica a extensão, o alcance de alguma coisa. Deste modo:

> *A sede principal fica ao nível do mar.*
>
> *Os aparelhos de ginástica devem ficar ao nível dos ombros.*
>
> *A campanha de marketing será apresentada em nível nacional.*

A nível de não existe.

Ao encontro ou de encontro?

Depende. A expressão *ao encontro de* significa concordância com alguma coisa, ideia ou proposta. *De encontro a* (ou *ao*) quer dizer em oposição, em direção contrária, chocar-se com. Deste modo:

> *Novas descobertas vão ao encontro da missão desta companhia.*
>
> *Tomamos decisões que foram de encontro ao bom senso.*

Aonde ou onde?

Com verbos que indicam movimento (ir, vir, caminhar, correr etc.) é *aonde*:

> *Só os antigos funcionários sabiam aonde aqueles corredores nos levariam.*

> *Onde* indica lugar: *Chegamos ao local onde a primeira máquina foi instalada.*

Aspirar ou aspirar a?

Se você quiser aspirar oxigênio, é só aspirar, sem preposição. Agora, se aspirar a uma posição superior na sua empresa, a preposição é necessária:

> *Em Pequim, aspiramos o ar mais poluído do mundo.*

> *Começou de baixo, mas aspira à presidência (ao comando) da companhia.*

Assistir ao ou assistir o?

No sentido de ver uma cerimônia, um filme, uma exibição, é *assistir ao* (verbo transitivo indireto que exige a preposição *a*). Já no sentido de ajudar alguém, é *assistir o* (verbo transitivo direto). Desta maneira:

> *Os trabalhadores estão liberados para assistir ao documentário.*

> *A equipe da limpeza foi chamada para assistir os bombeiros.*

Comprimento ou cumprimento?

Há três significados mais usados para essas palavras. É preciso entender quando usar uma e outra. *Comprimento* é o tamanho, a extensão de coisas, lugares, sessões. Já *cumprimento* pode ser usado tanto como sinônimo de saudar alguém quanto de respeitar prazos e compromissos. Deste jeito:

Qual o comprimento da tela de Datashow?

O CEO cumprimentou os funcionários.

O fornecedor cumprirá os prazos.

Continuidade ou continuação?

Sim, as duas palavras existem. *Continuidade* indica o prolongamento, a extensão de alguma coisa. Já *continuação* refere-se ao tempo de duração de um acontecimento. Pode ser uma sessão de cinema, um contrato, uma greve. Veja a diferença:

A continuidade do projeto social de atendimento a idosos está em discussão.

Alguém sabe se haverá continuação da greve de motoristas?

Chove ou chovem?

Se indicar fenômeno da natureza, é impessoal e fica no singular:

Choveu durante a inauguração da fábrica.

Usado na forma figurativa, flexiona como verbo regular:

Choveram pedidos de novos computadores.

Descrição ou discrição?

Parece até pegadinha de vestibular. As duas palavras têm significados distintos. *Descrição* é enumerar, detalhar, descrever. *Discrição* é a ser discreto – na maneira de se apresentar, vestir-se, comportar-se. Veja só:

O projeto requer a descrição de gastos com transporte.

A antiga gerente vestia-se com discrição e falava pouco.

Discriminar ou descriminar?

Outra dúvida corriqueira nos escritórios. *Discriminação* significa enumerar, relacionar, separar, identificar. Mas também é sinônimo de segregação. Note a diferença:

> *A discriminação de todos os itens das compras é obrigatória.*
>
> *As empresas lutam contra a discriminação racial.*

Já *descriminação* indica a ação de deixar de ser crime. Também se diz *descriminalização*, um termo comum no universo do Direito. Deste jeito:

> *O jovem pede a descriminação do uso de drogas leves.*
>
> *Grupos humanistas querem a descriminalização do aborto.*

Em princípio ou a princípio?

Depende. Em princípio quer dizer em tese. A princípio, no início. Assim:

> *Em princípio, as mudanças propostas aumentarão os lucros.*
>
> *A princípio, acreditávamos que as propostas aumentariam os lucros.*

Eminente ou iminente?

Dois adjetivos, dois significados. *Eminente* se refere a alguém importante, ocupante de cargo elevado. *Iminente* é algo que está prestes a acontecer. Assim:

> *O eminente juiz vai analisar o pedido de concordata.*
>
> *Infelizmente, a concordata é iminente.*

Faz ou fazem?

Se indicar tempo, é sempre conjugado na 3ª pessoa do singular:

Faz três anos que ingressei na empresa.

No sentido de realizar alguma coisa, conjuga-se o verbo fazer como regular.

Os estagiários fizeram um trabalho detalhado.

Há pouco ou a pouco?

Depende. *Há* é passado do verbo haver, indica uma ação que já terminou. *A pouco* se refere a uma ação futura. Veja a diferença:

A cerimônia vai começar daqui a pouco.

O gerente saiu há pouco.

Há ou atrás?

É um ou outro. Nunca os dois juntos. Dá uma olhada:

Implantamos o projeto há dois anos.

As obras começaram dois anos atrás.

Interveio ou interviu?

Interveio. O verbo intervir se conjuga como vir. Assim:

Eu venho – intervenho
Ele/Ela vem – intervém
Nós vimos – intervimos
Eles/elas vêm – intervêm

As conjugações dos verbos vir e intervir no passado também causam confusão. Estas são as formas corretas:

> *Eu vim – intervim*
> *Ele/ela veio – interveio*
> *Nós viemos – interviemos*
> *Eles/elas vieram – intervieram*

Invés de ou em vez de?

Depende. *Invés de* dá a ideia de oposição:

> *Invés de sair, entrou.*

Em vez de é a substituição de uma coisa por outra:

> *Em vez de ouvir música, rezou.*

A expressão *em vez de* leva vantagem sobre *ao invés de*, porque serve para tudo. Na dúvida, use-a.

Mau ou mal? Bom ou bem?

Mau e *bom* são qualidades de alguém, de um profissional, de um trabalho, de algum objetivo. São adjetivos. Veja só:

> *Era um mau projeto, tanto que as obras pararam.*
> *O gerente era tão bom que foi promovido três vezes.*
> *Sacrificou a família por uma boa causa.*

Já *mal* e *bem*, usados como advérbios, modificam os verbos. Desse jeito:

> *Era um engenheiro mal preparado, mas muito bem pago.*
> *A empresa sobreviveu, embora fosse mal administrada.*
> *Contratou uma consultoria bem vista no mercado.*

Na dúvida, troque *mau* por *bom* e *mal* por *bem*. Assim:

> *Bons resultados impulsionam carreiras.*
> *Maus resultados destroem carreiras.*
>
> *Candidatos bem avaliados nos testes de inglês largam na frente.*
> *Candidatos mal avaliados nos testes de inglês ficam para trás.*

Penalizar ou punir?

Uma coisa é uma coisa; outra coisa é outra coisa. *Penalizar* significa causar pena, solidariedade, pesar. *Punir* é castigar. Desta maneira:

> *A situação dos trabalhadores mais pobres nos penaliza.*
>
> *É preciso punir quem ignora os limites de velocidade na garagem.*

Portanto, não devem ser usados como sinônimos.

Por que, por quê, porquê ou porque?

Ô dúvida eterna! Aqui vale a máxima segundo a qual cada caso é um caso.

Por que aparece assim, separado, nos seguintes casos:

a. **Em perguntas, mesmo indiretas.**

> *Por que gastamos tanta energia no ano passado?*
>
> *Querem saber por que há tantos afastamentos médicos.*

b. **Quando equivale a "motivo pelo qual" e "razão pela qual"**

> *O cliente explicou por que (o motivo pelo qual) ficou insatisfeito com o produto.*
>
> *Precisamos descobrir por que (a razão pela qual) nossa concorrente nos superou.*

Porque aparece juntinho quando a frase é uma explicação.

> *Economizamos água porque as torneiras foram trocadas.*
>
> *Nossa concorrente nos superou porque apostou na inovação.*

Porquê desse jeito, juntinho e com acento, é substantivo e significa o motivo, a razão, a causa.

> *Precisamos descobrir o porquê do sucesso de nossa concorrente.*
>
> *É fundamental entender o porquê do descontentamento dos clientes.*

Por quê dá o ar da graça no final das interrogações.

> *Você foi demitido por quê?*
>
> *Gastamos tanta água por quê?*

Quantia ou quantidade?

Quantia é sempre relativa a dinheiro; *quantidade* serve para indicar o número de outros produtos, pessoas, objetos. Veja a diferença:

> *Preciso definir a quantia de reais necessários para a viagem.*
>
> *Defina a quantidade de contêineres para cada navio.*

Ratificar ou retificar?

Bem, outra vez, depende. *Ratificar* é confirmar. *Retificar* é corrigir. O que você quer dizer? Veja a diferença entre um e outro:

> Diante do sindicato, a companhia ratificou o compromisso acertado com os trabalhadores.

> O sindicato queria retificar itens do acordo que considerava insatisfatórios.

Senão ou se não?

Senão quer dizer, entre outros sentidos mais comuns, do contrário, aliás, de outra forma, a não ser. Separadas as palavras, *se não* dá a ideia de no caso de, na possibilidade de. Assim:

> O estagiário trabalhou duro, senão (do contrário) teria sido demitido.

> O acordo será cancelado, se não assinar o contrato agora.

Todo, toda, todos, todas

Há quatro usos para essas expressões. Cada uma delas tem um sentido. O que você quer dizer? Escolha uma opção:

> *O visitante conheceu toda a fábrica (a fábrica inteira).*

> *Todo funcionário (cada um) é responsável pela segurança no trabalho.*

> *Toda empresa (qualquer empresa) precisa de normas de segurança.*

> *Todos os funcionários (a totalidade) usam luvas.*

> *A decisão atingiu todas as (a totalidade) divisões administrativas.*

Vem, vêm ou veem?

São conjugações para os verbos ver e vir. Cada uma delas com sentido próprios. Desta forma:

> *O técnico vem (do verbo vir, presente do indicativo, terceira pessoa do singular) à empresa uma vez por semana.*
>
> *Os executivos vêm (vir, presente do indicativo, terceira pessoa do plural) de carro ao trabalho.*
>
> *O presidente vê (do verbo ver, presente do indicativo, terceira pessoal do singular) a empresa crescendo.*
>
> *As funcionárias veem (ver, presente do indicativo, terceira pessoal do plural) os filhos no berçário.*

ASSIM, SIM

Adivinhar
Ascensão
Bem-vindo
Beneficente
Cabeçalho
Chuchu
Cidadãos
De repente
Dia a dia
Empecilho
Enxergar
Estupro
Exceção
Final de semana
Frustrado
Fusível
Infligir

Invólucro
Mal-humorado
Mão de obra
Paralisar
Por isso
Possui (do verbo possuir)
Privilégio
Quadruplicar
Quis (do verbo querer)
Sessão (de cinema)
Vultoso

ASSIM, NÃO

A cores? O correto é *em cores*: fotografia em cores.
A grosso modo? Não. É apenas *grosso modo*, sem a preposição a.
A longo prazo? Diga *em longo prazo*.
Agradecer pela preferência? O certo é *agradecer a preferência*, o favor, o presente.
Amiga meia confusa? Não. Amiga *meio* confusa.
Ao meu ver? Não. Escreva *a meu ver*.
Às custas de? Nem pensar. É viver *à custa* de alguém
Compra à prazo? Não. Sem crase: compra *a prazo*.
Emprestar dele? Não. É tomar emprestado de alguém. Ou emprestar a alguém.
Entrega à domicílio. Nada disso. Entrega *em domicílio*.
Entregar em mãos? Errado. Entregar *em mão*.
Intermedia? Nunca. É *intermedeia*. O verbo intermediar conjuga-se como odiar.
No aguardo de? Não. Você fica *ao aguardo de* algo.
No ponto de explodir? Diga *a ponto de explodir*.
O quanto antes? Sem *o*: *quanto antes*, melhor.

Pagar a vista? Não. É com crase: Pagar *à vista*.

Por causa que? Erro grave. O correto é escrever *por causa de*.

Prefiro isto do que aquilo? Não. É assim: prefiro água *a* vinho. Ou: prefiro vinho à água.

Se eu ver? Não. Use *se eu vir* (verbo ver) ou *se eu vier* (verbo vir).

Somos em três? Nada disso. É assim: *Somos três para almoçar.*

Tenho "chego"? Não. É: *tenho chegado*.

Vou assisti (canta, manda etc.)? Jamais. O infinitivo dos verbos continua vivo da silva, até mesmo nas redes sociais. É vou assistir, mandar, cantar etc., com *r* no final.

PARA IMPRESSIONAR

a. **Organize os parágrafos**

Ainda tem alguém que se importe com parágrafos na era do WhatsApp e do Twitter? Tem – o seu chefe, embora ele nem sempre saiba disso. Parágrafos bem organizados deixam os textos mais claros e objetivos e dão coesão às ideias. Resultado: facilitam a compreensão e tornam o texto mais fluido – o que é muito bom para o seu chefe, seus colegas, clientes, fornecedores etc.

Quem lê documentos em que os parágrafos fazem sentido e conversam uns com os outros (em e-mails, inclusive) percebe que têm alguma coisa diferente, algum charme especial, mesmo sendo incapaz de identificar a fonte dessa sensação. Escrever bons parágrafos é um trabalho invisível.

Em tempos virtuais, parágrafos são tratados como recursos gráficos da tela. O texto está muito longo, parece um blocão de letrinhas pretas? Muita gente apenas aperta a tecla enter em qualquer ponto do texto e inicia outra linha. Pronto, pensam, o texto ficou lindo. Sim, o texto ficou lindo para quem vê a tela, mas para quem lê... Parágrafos decididos assim deixam ideias incompletas, separam perguntas e respostas, bagunçam a informação e atrapalham a comunicação.

Cada parágrafo deve conter uma ideia, anunciada pelo tópico frasal. Esse é o nome dado pelos gramáticos ao núcleo do parágrafo. O tópico frasal apresenta a ideia central do parágrafo, a intenção do autor, logo no início da frase. Em seguida, três ou quatro orações entregam o desenvolvimento dessa ideia em fatos, exemplos, explicações, comparações. Terminado o serviço de conduzir a ideia principal até o fim, é hora de apertar a tecla enter. O leitor pode respirar e se preparar para absorver outra ideia no parágrafo seguinte. Assim:

Parágrafo com tópico frasal no início e desenvolvimento da ideia nas frases seguintes:

> *As negociações no Congresso Nacional estão cada vez mais conflituosas. O pessimismo na economia enfraquece a presidente da República. Com a inflação alta, o dólar em disparada e a indústria demitindo, fica mais difícil convencer os parlamentares a aprovar medidas impopulares, como o corte de benefícios trabalhistas.*

O tópico frasal enuncia a ideia central do parágrafo: *As negociações no Congresso Nacional estão cada vez mais conflituosas.* As frases seguintes explicam que esse fato acontece porque a presidente da República está em posição enfraquecida em consequência do pessimismo na economia.

Outro exemplo:

> *A solução é privatizar a Petrobras* (tópico frasal). *A Embraer no Estado era um cabide de emprego. Hoje é a terceira fábrica mundial de aeronaves, atrás somente da Boeing e da Airbus. É um orgulho para nós brasileiros.*

Há outras formas de apresentação e desenvolvimento do tópico frasal. Variar a forma de escrever o parágrafo deixa o texto dinâmico e interessante. O tópico frasal pode aparecer no final do parágrafo:

> *A inflação alta, o dólar em disparada, a indústria demitindo, tudo contribui para o pessimismo na economia. Enfraquecida, a presidente da República enfrenta dificuldades para convencer os parlamentares a aprovar medidas impopulares, como o corte de benefícios trabalhistas. As negociações no Congresso Nacional estão cada vez mais conflituosas.*

No caso anterior, a última frase (o tópico frasal) é a conclusão das anteriores.

A seguir, o tópico frasal aparece com outra roupa. Em vez de uma afirmação logo de cara, ele surge em forma de pergunta no início do parágrafo:

> *Como os programas de promoção da diversidade podem ajudar as empresas? Eles abrem espaço para novas maneiras de ver o mundo, estratégia fundamental para competir num mercado globalizado. Ao mesmo tempo, estimulam a cooperação entre os profissionais, melhorando a produtividade da organização.*

E assim? O parágrafo começa com uma série de exemplos para sustentar o tópico frasal:

> *Descobrir novos talentos, aumentar a produtividade, competir num mundo globalizado. As vantagens da implantação de programas de diversidade cultural, social e racial nas organizações estão demonstradas em vários estudos científicos. Já não se trata mais de saber se eles serão adotados na sua empresa, mas de quando serão.*

O uso do tópico frasal para construir parágrafos de qualidade é um recurso amplo. Pode ser uma afirmação, uma pergunta, uma consequência, uma lista de exemplos. Use esses recursos sem restrições. Diversifique.

b. Aprenda como usar o modo subjuntivo de conjugação verbal.

Subjuntivo? Sim. Subjuntivo é a construção verbal que indica dúvida, hipótese, possibilidade ou ordem. Sofisticado, entra no texto em traje de gala para falar de situações que poderiam ter acontecido no passado e não aconteceram ou aconteceram de outra maneira. Fala também de um futuro que poderá acontecer dependendo de uma situação do presente. Aqui, algumas frases com verbos conjugados no modo subjuntivo:

- *Talvez o presidente* possa *me ouvir por dois minutos.*
- *Se todos* desligassem *os celulares, o trabalho ficaria mais eficiente.*
- Pediria *a todos que se* apresentassem *à recepção.*
- *Se o fornecedor* tivesse cumprido *o acordo, não teríamos chegado a esse prejuízo.*
- *Quando o novo sócio* investir, *a empresa crescerá.*

Complicado? Um pouco, mas vale a pena investir tempo no aprendizado do modo subjuntivo. Você encontrará recursos verbais complexos e, por isso mesmo, capazes de expressar com precisão ações em tempos diferentes, o que torna o texto erudito e específico.

Se aprender essas novas formas verbais for pedir demais, pelo menos preste atenção para evitar o erro mais comum de ignorância do subjuntivo em textos e na fala:

Nunca diga ou escreva:

> *Acredito que a responsabilidade sobre o projeto é da equipe Marrom.*

Escreva:

Acredito que a responsabilidade sobre o projeto seja da equipe Marrom.

c. **Livre-se dos jargões e frases feitas**

Costuma-se usá-los para dar a impressão de conhecimento e modernidade. Em excesso e fora do contexto, podem causar impressão contrária, de superficialidade e arrogância. Muito cuidado com eles. Alguns jargões nem existem na língua portuguesa – são neologismos, expressões inventadas, erros de tradução e interpretação.

Sempre que possível, substitua palavras roubadas do inglês por sinônimos em português. Essa é uma providência valiosa em textos para apresentações em público e documentos destinados a clientes e fornecedores. Lembre-se de que nem todos entendem a linguagem corporativa, tampouco inglês. Por isso, prefira palavras comuns e de conhecimento geral, ampliando seu poder de comunicação.

Aqui vão sugestões para substituir e/ou eliminar frases feitas, jargões corporativos, clichês e neologismos:

Estes podem ser trocados:
- Budget = orçamento
- Business plan = plano de negócios
- Deletar = apagar
- Expertise = especialidade ou especialização
- Feedback = avaliação, análise
- Job description = funções do cargo
- Kick off = começar, inaugurar, lançar
- Team building= espírito de equipe
- Timeline = linha do tempo
- Turnover = rotatividade de funcionários

Estes devem ser evitados. São vagos demais:
- Alavancar
- Alinhar
- Expandir
- Implementar
- Maximizar
- Minimizar
- Otimizar
- Problematizar

Estes devem ser eliminados:
- Brifar (para informar)
- Empoderamento (em vez de dar poder)
- Endereçar (no sentido de abordar uma questão)
- Realizar (no sentido de perceber)
- Schedular (em vez de agendar)
- Startar (em lugar de começar)
- Performar (em vez de desempenhar)
- Potencializar (no sentido de estimular)
- Precificar (no sentido de antecipar preços)
- Suportar (para apoio financeiro)
- To dos (no lugar de lista de afazeres)

Frases feitas, clichês e expressões gastas. Corte-as:
- Brilho no olho
- Despertar o instinto animal
- É um grande desafio profissional
- Está no nosso DNA
- Fazer do limão uma limonada
- Janela de oportunidades
- Onde você quer estar daqui a cinco anos?
- Quebra de paradigmas
- Toda crise é uma oportunidade

Bibliografia

Antunes, Irandé. *Lutar com palavras*: coesão e coerência. São Paulo: Parábola, 2005.
Bechara, Evanildo. *Ensino da gramática*: Opressão? Liberdade?. São Paulo: Ática, 2009.
_____. *Gramática escolar da língua portuguesa*. Rio de Janeiro: Nova Fronteira, 2001.
_____. *Moderna gramática portuguesa*. São Paulo: Companhia Editora Nacional, 1987.
Booher, Dianna. *E-writing*: 21st century tools for effective communication. New York: Pocket Books, 2001.
Castells, Manuel. *A galáxia da internet*: reflexões sobre a internet, os negócios e a sociedade. Rio de Janeiro: Zahar, 2003.
Comscore. Disponível em: <http://www.comscore.com/por>. Acesso em: 26 mar. 2015.
Cook, Claire Kehrwald. *Line by line*: how to edit your own writing. Boston: Houghton Mifflin Company, 2005.
Cunha, Celso. *Gramática do português contemporâneo*. Rio de Janeiro: Lexikon, 1999.
Duailibi, Roberto. *Duailibi das citações*. São Paulo: Arx, 2003.
Flurry. Disponível em: <http://www.flurry.com/>. Acesso em: 26 mar. 2015.
Garcia, Othon Moacir. *Comunicação em prosa moderna*. Rio de Janeiro: Fundação Getúlio Vargas, 2004.
Koch, Ingedore Villaça; Travaglia, Luiz Carlos. *Coerência textual*. 14. ed. São Paulo: Contexto, 1990.
McLuhan, Marshall. Disponível em: <http://www.marshallmcluhan.com/>. Acesso em: 24 mar. 2015.
Mashable. Disponível em: <http://mashable.com/>. Acesso em: 26 mar. 2015.
Nace (National Association of Colleges and Employers). Disponível em: <https://www.naceweb.org/>. Acesso em: 26 mar. 2015.
Pew Research Center. Disponível em: <http://www.pewinternet.org>. Acesso em: 13 abr. 2015.
Platão, Francisco; Fiorin, José Luiz. *Para entender o texto*: leitura e redação. São Paulo: Ática, 2012.
Roman, Kenneth; Raphaelson, Joel. *Writing that works*: how to communicate effectively in business. New York: Harper-Collins Publishers, 2000.
Strunk Jr., William; White. E. B. *The elements of style*. Massachusetts: Pearson Education, 2000.
Terra, Carolina Frazon. *Comunicação corporativa digital*: o futuro das relações públicas na rede. São Paulo, 2006. Dissertação (Mestrado em Comunicações e Artes) – usp.
The Radicati Group, Inc. Disponível em: <http://www.radicati.com>. Acesso em: 26 mar. 2015.

A autora

Arlete Salvador é jornalista especializada em política e mestre em Relações Internacionais pela Universidade de Birmingham, na Inglaterra. Durante 20 anos de carreira jornalística, trabalhou em alguns dos mais prestigiosos órgãos de imprensa do país, como a revista *Veja* e os jornais *O Estado de S. Paulo* e *Correio Braziliense*. Nesse tempo, escreveu centenas de reportagens, artigos analíticos e uma coluna de notas sobre os bastidores do poder em Brasília, o que despertou seu interesse pela história de grandes líderes políticos e pelo exercício da Língua Portuguesa. É autora dos livros *A arte de escrever bem* e *Escrever melhor* (com Dad Squarisi), *Como escrever para o Enem* e *Cleópatra*, todos publicados pela Contexto.

CADASTRE-SE
EM NOSSO SITE,
FIQUE POR DENTRO DAS NOVIDADES
E APROVEITE OS MELHORES DESCONTOS

LIVROS NAS ÁREAS DE:

História | Língua Portuguesa
Educação | Geografia | Comunicação
Relações Internacionais | Ciências Sociais
Formação de professor | Interesse geral

ou
editoracontexto.com.br/newscontexto

Siga a Contexto
nas Redes Sociais:
@editoracontexto

GRÁFICA PAYM
Tel. [11] 4392-3344
paym@graficapaym.com.br